인생의 내공을 어떻게 키울 것인가

선택받는 전문가로 사는 5가지 관점

인생의 내공을 어떻게 키울 것인가

• 김승중 지음 •

선택받는
전문가로 사는
5가지 관점

당신에게 15년 내공을 드립니다

도서출판 물푸레

추천의 글

칭찬과 감사의 인생을 선물합니다

　인생을 사는 것은 쉬운 일일까요, 어려운 일일까요? 대부분 사람들은 어렵다고 대답할 것입니다. 간혹 특출한 사람들은 남들보다 경쾌하고 명랑하게, 인생 참 쉽고 편안하게 사는 것처럼 보이기도 합니다. 하지만 보통의 사람들은 그들처럼 사는 일이 쉽지 않습니다. 그렇다고 손 놓고 되는 대로 살아갈 수만은 없습니다. 오히려 한 번뿐인 인생이니, 후회하지 않고 잘살기 위해서 끊임없이 고민하고 노력해야 합니다.
　쉽지 않은 인생을 어떻게 쉽게 살 수 있을까요? 그 대답은 뜻밖에도 간단합니다. 인생에서 쉽지 않게 느껴지는 일들을 쉬운 일로 바꾸면 됩니다. 어떻게 그럴 수 있을까요? 바로 대상에 대해 진지하게 생각하고 행동하는 훈련을 하면 됩니다. 예를 하나 들어보겠습니다.
　"일찍 자고 일찍 일어나자."
　이 일을 매일 실천하기가 얼마나 어려운지는 웬만한 사람들은 모두 알 것입니다. 휴일에는 늘어지게 낮잠을 자고 싶습니다. 평일이면 일찍 일어나 출근해야 하면서도, 지각하지 않는 선에서 최대한 늦게까지 이 부자리를 뭉개고 있습니다. 사람들은 '일찍 자고 일찍 일어나는 것'에 대해 진지하게 생각해본 적도, 훈련한 적도 없습니다. 그래서 참 어렵지요. 문제는 인생에는 이보다 더 어려운 일들이 산적해 있다는 것입니다. 그 어려운 문제들을 하나하나 풀어가려면 진지한 성찰과 반복된 훈련이 필요합니다.

이 책의 저자 김승중은 한국카네기연구소에서 15년 동안 세일즈와 강의를 했습니다. 그 오랜 시간 동안 단련해온 지혜와 경험을 바탕으로 실력을 키우는 방법에 대해서 겸손하고 친근한 어조로 설명하고 있습니다. 강의하면서 만난 수강생의 사례가 풍부하게 소개되어 있어 생생한 현장감을 전달하기도 합니다. 마치 저자의 강의를 직접 듣고 있는 것처럼요.

안전지대에 머물러 있지 않고 성장하기 위해서 늘 노력하는 저자는 지금도 한국카네기연구소의 대표 강사 중 한 명입니다. 그의 글과 강의에는 진실함이 담겨 있습니다. 한마디, 한 구절마다 저자가 생생하게 경험한 치열한 고민이 녹아 있습니다. 독자 여러분도, 칭찬과 감사의 인생을 살면서 인생의 의미와 행복을 즐기는 저자의 삶을 함께하기를 권합니다.

최염순
한국카네기연구소 대표

추천사

휴맥스의 조직이 급속하게 팽창하던 시절, 조직문화를 점검하고 좀 더 체계적인 조직관리의 필요성이 대두했습니다. 그래서 그 대안의 하나로 한국카네기연구소에서 팀장 교육을 했습니다. 그 교육은 우리 팀장들이나 제게 도움이 되고 감동을 주는 경험이었습니다. 제가 아는 김승중 소장은 성실할 뿐만 아니라 정말 자신의 교육이 사람들에게 도움이 되고 있는가를 늘 질문하며 일하는 사람입니다. 그러한 그의 성격이 이 책에도 잘 나타나 있습니다.

그는 결코 허황한 이야기를 하지 않습니다. 읽는 이에게 자신감을 심어주고 구체적인 아이디어를 제시합니다. 이 책은 어떻게 공헌할 수 있을까를 고민하는 사람들에게 좋은 지침서가 될 것입니다.

변대규(휴맥스 대표이사)

김승중 강사님을 처음 뵌 것은 2010년 5월 서울 명동에서 데일카네기코스를 수강하면서입니다. 12주 코스의 강의 기간 동안 매주 수요일 저녁이면 지친 몸을 이끌고 강의에 참가하여 김승중 강사님의 활기차고 진심이 넘치는 강의를 들으면서 많은 에너지를 받았습니다. 그렇게 몸과 마음이 재충전되어 일주일을 편하게 넘기곤 했습니다. 지금 제 사무실에는 코스 수료증이 든 액자가 걸려 있고, 코스를 무사히 수

료한 것을 진심으로 자랑스럽고 고맙게 생각합니다.

　아직도 기억에 남는 것은 코스 9주째로 기억하는데, 수강생이 각자의 모노드라마를 하는 강의 시간에 김승중 강사님이 보여주신 모습입니다. 《잭과 콩나무》에 나오는 거인의 역할을 하셨는데, 저를 비롯한 수강생들 모두 김승중 강사님의 열연과 에너지에 전율과 경악을 금치 못하면서 경외감마저 느꼈습니다.

　그런 김승중 강사님이 데일카네기코스 15년이 넘는 강의 경험과 그간 본인이 습득한 지식을 이 책에 담아서 자신만의 목소리로 독자들에게 전달합니다. 개인적으로 3부의 '당신이 메시지이다', '텔링하지 말고 셀링하라'는 주제의 글이 마음에 와 닿았습니다.

　시중에 많은 자기계발서가 나와 있고 그 각각이 나름의 가치를 갖고 있겠지만, 이번에 김승중 강사님이 집필한 이 책이야말로 데일카네기코스 15년이 넘는 경험과 가슴속 깊은 곳에서 우러나는 열정을 토대로 한 것이어서 우리나라의 자기계발서에 새로운 장을 열 것으로 기대합니다.

박창수 변호사(김앤장법률사무소)

　그날 출근길 버스 안에서 나는 심신이 몹시 지쳐 있었다. 머릿속에는 온갖 회사 일이 뒤섞여 아우성치고 있었고, 그 일들을 모두 잘해내야 한다는 부담감에 온몸의 신경줄은 끊길 듯 팽팽했다. 그때 별생각 없이 읽기 시작한 이 책에서 적잖은 위로와 유익을 얻었다. 특히 2부 5장의 '경영하는 법을 배우라'에 나오는 《구약성서》의 지도자 모세 이야기가 인상 깊었는데, 그의 책 곳곳에서 이런 유용한 삶의 교훈을 만날 수 있다. 1부에 나오는 다음 구절도 그중 하나다. "마음이 가난한 자의 욕구는 우리를 지혜롭게 합니다. 마음을 열어 둔 채 듣고 생각하게 하며, 우리 모두에게 필요한 것을 바라보게 합니다. 그것은 진실로 자신을 채우려는 갈증입니다."

이 책의 저자는 한동안 함께 책을 읽고 글을 쓰며 공부하던 나의 '글 벗'이다. 그의 첫 책 출간 소식이 내 일처럼 기뻤던 이유다. 그는 누구 못지않게 스스로 성장과 진보에 이르고자 성실하고 부단한 노력을 기울여온 사람이다. 바로 그 성실한 노력의 결과물인 이 책에는 리더십 전문 강사로서 자신의 일에 대한 축적된 경험뿐만 아니라 그의 뜨거운 열정과 땀이 담겨 있다.

옥명호(월간 《복음과 상황》 편집장)

《인생의 내공을 어떻게 키울 것인가》는 스티브 잡스가 스탠퍼드대학의 졸업식에서 이야기했던, "항상 배고파하고, 항상 무모하라(Stay Hungry, Stay Foolish)"의 축사에서 우리가 이해하지 못했던 의미에 대한 명확한 해답을 내려준다. 저자는 한국카네기연구소의 강사로 있으면서 본인이 경험했던 수많은 사례를 바탕으로 어떻게 열망을 가지고 목표를 세워야 하는지, 선언의 목적과 인내, 용기의 정확한 의미 등을 설명한다.

또한 이 시대의 모든 이가 가져야 할 전문가로서 필요한 자기경영의 원칙과 효율적인 시간 관리에 대한 구체적인 방법을 제시하고 있다. 바쁜 인생에 삶의 충전이 다시 필요하다면, 이 책의 사례들을 토대로 자신을 돌아보길 희망한다. 이 책을 읽으면 우리가 자주 잃어버리곤 하던 '왜 일하는가?'라는 질문에 대한 해답과 자신감을 새롭게 충전하는 놀라운 경험을 얻게 될 것이다.

이상진(중소기업진흥공단 중소기업연수원 교수, 경영학 박사, 법학 박사 수료)

김승중 소장은 카네기인입니다. 카네기인은 끈끈하고 질깁니다. 살면서 어려울 때면 그곳에서 받았던 12주간의 교육 내용이 가끔 떠오릅니다. 이 책에는 김승중 소장이 10여 년간 강의하는 동안 많은 사람을 만나면서 터득한 지혜가 고스란히 녹아 있습니다. 특히 '자유인이 되는 진정한 길은 영업을 배움으로써 완성됩니다'라는 글에서 세일즈와 세상 사는 법에 대한 혜안을 보았습니다.

이승율(만나는 사람 모두에게 승률을 올려주는 ㈜협화 상무)

이 책은 저자가 지난 15여 년간 한국카네기연구소에서 산업교육의 강사로서 또 컨설턴트로서 체험한 산교육의 산실과도 같다. 그냥 책상머리에 앉아서 머리로만 쓴 것이 아닌 현장에서 직접 경험하고 체험한 노하우를 있는 그대로 솔직하게 담은 것이 다른 책과의 차별성이다. 자신을 어떻게 세일즈할 것인가라는 의식을 갖는 것 자체가 큰 인식의 변화라고 할 수 있다. 인생의 내공을 키워 자기 자신을 브랜드로 세일즈하고 싶은가? 이 책이 바로 그 답을 제시해줄 것이다.

송지수(한국카네기연구소 이사)

모든 사람이 고민하는 근본적인 질문은, '우리는 어떻게 살아야 할 것인가?'이다. 무임승차하지 않고, 주도적인 삶을 통해 한 번 주어진 인생을 멋지게 살아보고자 하는 것이다. 저자는 '우리의 삶에서 승객이 아니라 운전사가 되기 위한 5가지의 중요한 역량'을 제시함으로써 우리의 이러한 고민에 대한 답을 제시하고 있다. 세렌디피티Serendipity, 이 책을 접하는 우연을 새로운 기회로 만들어보지 않으시겠는가!

손종태(롯데백화점 해외명품 CMD)

　책을 정말 재미있게 읽었습니다. 맑은 물을 시원하게 한 잔 마신 기분입니다. 명불허전! 역시 한국 최고의 목표달성기술코치답게 현장에서 체득한 생생한 경험과 풍부하고 구체적인 사례를 통해 셀프 리더십을 높이는 방법을 친절하게 설명해주고 있습니다. 많은 책에서 세계적으로 유명한 CEO, 정치가, 스포츠 스타들의 대단한 사례를 소개하지만 어떤 면에서는 우리가 공감하기 어려운 부분도 있습니다. 반면 김승중 소장은 그가 강의하고 훈련하는 현장에서 만난 사람들의 삶과 도전, 그리고 성취에 관한 사례를 활용하여 구체적인 방법론을 제시하고 있습니다. 더 나은 내일을 꿈꾸는 직장인들의 갈증이 해소되리라고 믿습니다.

한광희(한 광주리 희망을 주는 사나이, 도레이 생활소재 부장)

　밋밋한 일상에 안주해 살아가며 늘 한 켠에 아쉬움이 있던 내게 이 책은 더 나은 도약을 시작할 수 있도록 격려해주고 그 방법까지 이야기해주는 친절한 안내자와 같았다. 다년간 카네기 명강사로 활약했던 저자의 경험과 지혜를 이 한 권을 통해 들을 수 있는 행운을 준 것에 감사하다.

이명희(차병원 강남건강증진센터 내과 전문의)

리더로서 성공을 위한 진짜 역량이 무엇인지 명쾌하게 설명해주는 이 책은 많은 리더에게 통찰력, 용기와 자신감 그리고 열정을 불러일으킬 것이다. 오랫동안 수많은 사람에게 훌륭한 강의를 해온 저자가 쉽고 간결한 필체로 리더가 갖추어야 할 전략과 목표 수립, 성과와 코칭, 의사결정과 동기부여, 권한 위임과 실수 처리, 효과적인 커뮤니케이션 능력 및 평가와 개선 프로세스에 대해 체계적이고 깊이 있게 다루고 있어 항상 옆에 두고 교과서로 삼을 만하다. 특히 리더로서 새롭게 출발하는 사람들이 이 책을 읽고 시작한다면 너무나 큰 행운이고 축복이 될 것이라고 확신한다.

양철호(신한금융투자 광교지점장)

사회에 나갈 준비를 하는 대학생으로서 항상 고민하는 것은 '사회에 나간 뒤 내가 생존할 수 있는가?'라는 것이다. 지금 사회는 대학생들에게 현실의 냉혹함만 이야기할 뿐 사회에 나가기 전에 어떤 핵심역량을 길러야 하는지는 제대로 교육하지 않는다. 그런 의미에서 이 책은 대학생들에게 주어진 하나의 중요한 바이블이다. 만일 이 책을 읽고 제대로 실천한다면 사회에서 겪을 시행착오가 획기적으로 줄어들 것이다.

박준영(고려대학교 재학생)

원고를 읽으며 직장인으로서 고민하던 현실적인 문제들이 한 번에 해결되는 듯한 느낌을 받았다. 그의 이야기는 재미있고, 유익한 삶의 지혜로 가득했다. 한국카네기연구소 명강사로서의 경험과 철학, 그리고 사람들과의 만남에서 얻은 교훈이

탄탄하게 녹아 있었다. 이제 평범함에서 위대함으로 나아가는 나만의 시나리오를 써봐야겠다.

김해석(SK네트웍스 상무)

이 책은 저자의 오랜 경험과 관록이 실제 사례들과 함께 잘 어우러져 있습니다. 내용이 제가 처한 현실과 잘 동화되어 책 속으로 빠져드는 저를 발견할 수 있었습니다. 많은 생각을 하게 했고, 일부 내용은 별도로 써서 사무실에 붙여 놓았습니다. 매일 상기하려고 말이죠. 이제 저를 세일즈할 수 있다는 자신감이 생깁니다.

노희석(메트로노치과 원장, 서울대학교 치과병원 겸임교수, 치의학 박사)

5가지 관점에서 자신을 점검하고 성장하기 위한 구체적인 방향과 방법을 제시하는 책이다. 리더뿐만 아니라 성인으로 성장하는 과정에서 누구에게나 필요한 정보와 지혜를 담고 있다. 풍부한 현장 경험이 고스란히 녹아 있어 모든 독자에게 값진 선물이 될 것으로 기대한다.

이은주(㈜휴머니타스솔루션 대표)

저자의 전문적이고 풍부한 실전 경험으로부터 전해지는 메시지가 매우 설득력이 있네요. 귀에 쏙쏙 들어와서 내 삶의 태도에 대해 진지하게 고민하게 하고 변화로 이끌어가는 듯한 느낌입니다.

하루하루의 일상에 익숙해졌다고 느껴질 때마다 다시 꺼내 읽고 싶은 책으로 강력히 추천하고 싶습니다.

문종하(현대자동차 책임연구원)

세일즈의 기본은 고객의 마음을 움직이는 법을 아는 것이다. 이 책을 먼저 읽고 세일즈맨의 세계로 뛰어든다면 최소 남보다 5년은 앞선 직장 생활을 시작하게 될 것이다.

김창은(GS리테일 CVS사업부)

이 책은 기업과 세일즈맨뿐만 아니라 자기 자신을 세일즈하고 싶은 이들에게 가장 실질적이고 명확한 이정표를 제시한다.

한원정(TMD 인재양성연구소 강사)

외교의 최일선에서 뛰면서 '나 자신이 메시지'임을 절실히 느낀다. '셀프 리더십'의 중요성을 현장에서 체감하게 된다. 스스로를 위한 리더십 트레이닝은 우리 삶에서 귀중한 나침반을 제공할 것이다. 특히 리더십의 초점을 개인에 맞춘 점이 매우 신선하다. 마치 리더십 근육의 단련을 도와주는 '퍼스널 트레이너Personal Trainer'처럼……. 하루가 다르게 변화하는 환경 속에서 자신의 미래를 그려나가는 데 필요한 길라잡이를 갈구하는 젊은 세대에게 유용한 지침서가 될 것이다.

김창범(주벨기에 유럽연합(EU) 대사)

10년 전 대학 신입생 시절, 동아리 방에는 '우리들의 이야기'라는 노트가 있었는데 거기에 유독 긴 글을 쓰던 선배가 있었습니다. 제 대학 시절을 추억할 때면, 추운 겨울 아무도 없는 동아리 방에서 손에 입김을 불어가며 그 글을 읽던 기억을 빼놓을 수 없습니다.

그렇게 10년이 훌쩍 지난 어느 날, 그가 자신이 출판하게 된 책의 초고를 보내주었고, 저는 시간 가는 줄도 모르고 하룻밤 새 그 책을 다 읽었습니다. 솔직히 자기계발서는 좋은 도구이기도 하지만 어떤 면에서는 적당한 처세술 정도로 읽히기 쉽습니다. 하지만 이 책을 읽고 누구에게나 애정을 가지고 권하고 싶은 마음이 들었습니다. 이 책에는 저자의 정직하고 솔직한 삶의 태도가 담겨 있었기 때문입니다. '마음을 담아' 일독을 권합니다.

김용주(현대자동차 책임연구원)

요즘 육아로 지쳐서 현실에 안주하고 싶은 심심한 저의 삶에 도전과 모험을 회복시켜준 책이어서 참 좋았습니다. 나의 욕구는 무엇이고, 욕구의 동기는 무엇인지, 목표를 위해 어떤 삶의 자세로 임해야 하는지 읽으면서 생각하게 되었습니다. 진정한 자아 고찰과 삶의 동기와 목표를 도출하도록 이끌어준 책이어서 읽는 동안 힘이 나고 제대로 살고 싶은 열정이 마구마구 생겼습니다.

김미경(주부)

이 책을 읽으며 마음 깊숙한 곳의 동기를 움직이게 하는 힘을 느꼈다. 저자의 삶에 대한 세심한 관찰과 지혜와 역량이 고스란히 담겨 있다. 내 삶에 대한 애정과 열정을 일깨워준 참 고마운 책이다.

장주영(고등학교 국어교사)

기업에서 인사를 담당하는 사람으로서 사람을 채용할 때 여러 가지를 검증한다. 학위와 자격증 등 소위 '스펙'은 사실 초반 단계를 통과하기 위한 최소한의 기준일 뿐이다. 진짜 중요한 차이는 어떤 성품과 가치관, 태도를 보이는지, 주위 사람들과 잘 협력할 만한 의사소통 능력을 지녔는지 등에서 판가름난다. 어려운 개인 환경에 굴하지 않고 한 방향으로 노력하여 오늘날 많은 사람을 돕는 성공적인 리더가 된 저자는, 이 책에서 자신이 경험한 삶의 성공과 실패에서 얻은 통찰을 전하며 구체적인 실천 방법까지 제시하고 있다. 인생의 진정한 성공을 향해 고민하는 우리 모두에게 큰 도움이 될 것이다.

황석주(CJ아메리카 HRD 시니어 매니저)

지은이의 글

어떻게 삶을 주도할 것인가

　리더십에 대한 오늘날의 연구 테마는 셀프 리더십입니다. 과거에는 임금과 같은 통치자들에게만 리더십이 중요했습니다. 얼마 전에 방영했던 드라마 〈동이〉에는 훗날 영조가 되었던 숙빈의 아들 연잉군이 당시의 왕세자가 읽는 제왕학에 관한 서책을 읽었다는 이유로 공격을 받는 장면이 나옵니다. 하지만 이제 리더십은 통치자뿐만 아니라 모든 사람에게 중요한 주제가 되었습니다. 자유와 민주주의 가치가 보편화하면서 개인은 스스로 의사결정을 하고 자신의 삶에 보다 큰 책임을 지고 살아갑니다. 사회가 개인화되어갈수록 경쟁과 변화도 극심해졌습니다. 모든 사람이 삶에 대한 방향을 설정하고 자신이 원하는 것을 실현하는 데에 큰 도전을 경험하고 있기 때문입니다.

　위대한 사상가이자 경영학자인 피터 드러커는 오래전에 이미 시대의 변화를 예견했습니다. 그는 '지식근로자'라는 말을 처음 사용함으로써 모든 사람에게 셀프 리더십이 어떻게, 얼마나 중요해지는지를 자세히 설명했습니다. 그는 오늘날 가장 중요한 생산수단인 지식을 보유한 사람들을 지식근로자로 보았습니다. 지식근로자들은 자신을 소개할 때 소속된 기업의 이름을 말하기보다는 자신이 어떤 일을 하는지를 이야기합니다. 그들 역시 급여를 받는 직장인이지만 생산수단을 소유하고 있으므로 기업과의 협상에서 일반 직장인보다 더 큰 힘을 발휘할 수 있습니다.

이제껏 익히 알고 있던 '인생 경로'를 돌아볼까요? 열심히 공부해서 좋은 학교에 들어갑니다. 다시 거기에서도 열심히 공부해서 남들이 부러워하는 좋은 직장에 들어갑니다. 좋은 직장을 잡았으니 이제 웬만한 고민은 끝났습니다! 이미 모두가 느끼고 있겠지만 오늘날 이런 삶의 해법은 통하지 않습니다. 경제가 양적으로 팽창하던 과거에는 일자리가 충분해서 열심히 공부만 하면 진로 고민이 해결되는 시대였지요. 이제는 그렇지 않습니다. 티켓은 소수고 그 티켓을 얻으려는 사람은 무수히 많기에 죽을 힘을 다해 경쟁해야 하지요. 요즘 대학생들을 보면 알 수 있습니다. 열심히 공부하는 것만으로는 부족해서 특별한 경험과 자격, 소위 '스펙 쌓기'에 온 힘을 다합니다. 그런데 이 또한 과거의 생존 방식을 답습한 것에 지나지 않습니다.

더 아찔한 이야기를 해드릴까요? 오늘날 '어떻게 살 것인가'의 고민은 젊은이들만의 것이 아닙니다. 30대부터 70대, 그리고 그 이후에도 계속해서 직면하는 중요한 고민입니다. 이전에는 한 회사에 입사해서 노년을 코앞에 두고 퇴직하는 일이 제법 많았다면 오늘날은 창창한 나이에도 자의든 타의든 회사를 그만둬야 하는 일이 많습니다. 그러니 본질적인 차원에서 해답을 얻어야 합니다. 미리 제가 그 해답의 하나를 말씀드리겠습니다. 시장과 인생이 필요로 하는 문제를 해결하고 가치를 창출할 수 있는 생산수단을 보유한 지식근로자, 즉 전문가로서의 자신을 준비하세요.

리더십은 방향성과 통제력에 대한 것입니다. 어떻게 하면 우리 인생에서 통제력을 확보할 수 있을까요? 어떻게 하면 우리가 삶에서 승객이 아니라 진행 방향을 조질하는 운전사의 역할을 맡을 수 있을까요? 지금부터 5가지의 중요한 역량을 소개하겠습니다. 각 역량에서 자신의 모습을 살펴보고 강점을 파악해보세요. 부족한 부분들이 약점으로 작용하지 않도록 자신을 발전시키는 데 유용한 지침이 되길 바랍니다.

첫째는 방향성입니다. 리더십이 중요하게 여겨지는 이유는 급격한 사회 변화 때문에 쉽게 방향성을 상실하기 때문입니다. "무엇을 해야 할까? 어디로 가야 할까? 어떻게 해야 할까?"와 같은 현실적이고 실질적인 질문에서부터 "나는 누구인가? 무엇이 중요한가?"와 같은 철학적이고 본질적인 질문까지, 다양한 질문을 하고 또 그 질문에 다양한 답변을 할 수 있는 사회를 살고 있습니다. 그렇기에 방향성이 더욱 중요합니다. 만일 올바르지 않은 방향의 질문을 하고 또 올바르지 않은 답변을 골라 거기에 기대어 인생을 살면 결국 파국으로 치달을 테니까요. "나는 어떤 가치를 소중히 여기는 사람인가?"처럼 자신에 대한 질문을 해야 하며, "나의 가치는 올바르며 효과적인가?"와 같은 실용적인 질문도 해야 합니다. 그렇게 자신의 가치를 발견하고 그와 일치된 행동을 통해서 내적 안정을 만들고 유지하면 삶에 큰 에너지가 됩니다.

둘째는 전문성입니다. 특정 분야에 탁월한 식견과 경험이 있고 이를 바탕으로 문제를 해결할 수 있는 능력입니다. 나아가 좀 더 효과적인 프로세스를 설계하여 효율적으로 일을 처리하는 것, 자신의 기술에 안주하지 않고 꾸준히 효율성을 개선하는 것이 바로 올바른 전문성입니다. 리더십을 갖춘 전문가는 타인의 업무 성과 수준을 그 사람 개인의 역량으로만 보지 않습니다. 업무 성과는 그 일을 처리하도록 만들어진 프로세스의 효율성에 큰 영향을 받습니다. 프로세스를 만들고 운영하고 관찰하면서 점차 개선할 수 있는 사람은 다른 사람들도 자신의 수준에서 성과를 낼 수 있게 하는 복제 능력을 갖춘 것입니다.

셋째는 의사소통 능력입니다. 당신이 사람 앞에서 이야기하는 것을 좋아하거나 외향적인 성향이어야 한다는 게 아닙니다. 의사소통 능력은 성격 및 스타일과는 다릅니다. 메시지를 정확히 전달할 수 있느냐, 반대로 타인이 나에게 보낸 메시지를 잘 이해할 수 있느냐에 관한 능력입니다. 보통 의사소통 능력이 탁월한 사람들은 세심한 경향이 있습니다. 그들은 신중하게 자신의 의견을 표현하고 상대방의 이야기를 이해하며, 언어로 표현된 메시지의 이면에 있는 감정적이고 욕구와 관련된 미묘한 함의를 잘 이해합니다.

넷째는 사람을 대하는 능력입니다. 맹자는 일을 도모하는 데에는 재물의 힘이 필요하다고 했습니다. 아울러 하늘의 도움 또한 필요하다고 했습니다. 하늘의 도움은 아마도 때를 말하거나 예기치 않은 행운을 말할 것입니다. 하지만 그는 사람의 마음을 얻지 못한다면 일을 도모할 수 없다고 강조했습니다. 사람은 다른 무엇과도 달라서 내 마음대로 하기가 참 어렵습니다. 내 뜻대로만 움직이려고 하는 사람은 결코 사람을 얻지 못합니다. 오히려 상대방에 맞추어 서비스하겠다는 마음을 가질 때 사람을 움직일 수 있습니다. 타인의 행동과 의견 등을 불쾌하게 생각하거나 못마땅하게 생각하는 경향이 크다면 당신은 사람을 대하는 능력이 부족한 셈입니다. 사람을 대하는 능력이 탁월한 이들은 대체로 사람을 좋아하고, 고마움을 자주 표현합니다. 고맙다고 하는 사람에게 더 많이 신경 쓰고 더 많은 것을 주고 싶은 게 사람의 마음입니다.

다섯째는 어려움에 대처하는 능력입니다. 시인 신경림 씨는 곧게 자란 나무는 대체로 좋은 과실을 맺지 못한다고 했습니다. 시련은 가급적 없으면 좋은 것이 아니라 우리를 진실로 사람이 되게 하는, 꼭 필요한 것입니다. 작게는 가까운 사람과의 사소한 언쟁도 시련입니다. 계획한 것과 다르게 진행되는 여러 일도 우리를 찌르는 가시처럼 아픈 시련이지요. 내가 어찌할 수 없는 큰 질병과 경쟁자의 공격은 우리를 절망에 빠지게 합니다. 이 모든 일이 우리에게 주어진 이유는 무엇일까요? 우리는 어떻게 대응해야 할까요? 이 책을 끝까지 읽으면 아마도 그 해답에 대한 힌트를 얻을 수 있을 것입니다.

제가 소개한 5가지 관점에서 당신은 자신에게 각각 몇 점을 주시겠습니까? 자신을 비판적 관점에서 바라보고 부족한 것을 보완하여 성장하려는 노력이야말로 우리에게 꼭 필요한 자기계발이 아닐까 합니다. 이 책은 가치 있는 인생을 살아가고, 삶에 대한 통제력을 유지하고 싶어 하는 당신의 노력을 응원합니다. 덧붙여 당신 가까이에서 실질적이고 다정한 조언자가 될 수 있기를 기대합니다.

김승중
한국카네기연구소 엑설런스센터 소장

 차례

추천의 글 칭찬과 감사의 인생을 선물합니다   04
추천사   06
지은이의 글 어떻게 삶을 주도할 것인가   16

1부 방향성
• 나는 어떤 가치를 소중히 여기는 사람인가 •

1장 진짜 실력을 키워라   27
2장 사랑하면 할 수 있다   39
3장 성장 가속 사이클   53

2부 전문성
• 탁월한 식견과 경험으로 성과를 내는 프로세스를 만들 수 있는가 •

4장 전문가의 조건   69
5장 경영하는 법을 배워라   82
6장 효율적으로 일하라   97

3부 설득력
• 메시지를 정확히 전달하고 타인의 메시지를 잘 이해할 수 있는가 •

7장 당신이 메시지이다   113
8장 텔링하지 말고 셀링하라   129
9장 협업을 촉진하는 협상 기술   142

4부 친밀감
• 고맙다고 하는 사람에게 더 신경 쓰고 주고 싶은 게 사람의 마음이다 •

10장 소홀히 여겨지는 가장 큰 자산   157
11장 중요하게 여기면 중요해진다   176
12장 초능력을 배워라   191

5부 회복력
• 시련은 우리를 진실로 사람이 되게 하는 꼭 필요한 것이다 •

13장 어려운 일을 겪는 당신에게   203
14장 일하면서 쉬는 법을 배워라   218
15장 위대한 삶에 대하여   234

1부

방향성

나는 어떤 가치를 소중히 여기는 사람인가

우리가 반드시 유념해야 할 것은 결국 성공하는 사람과 실패하는 사람의 차이는
그가 선택한 길에 있다는 사실입니다.

1장

진짜 실력을 키워라

역량

"행복하세요?"

이 질문을 듣고 당신은 마음속으로 뭐라고 대답하셨나요? 행복을 경험하는 때와 이유는 사람마다 각양각색입니다. 그럼에도 많은 사람에게 공통적인 행복의 조건은 있습니다. 사람들은 대부분 자신의 존재감을 충만하게 느낄 때 행복을 경험합니다. 그럼 우리는 언제 자신의 존재감, 즉 살아 있음을 느낄까요? 우리가 마음속에 의도한 무엇인가를 창조하거나 달성했을 때가 아닐까요? 그럴 때 우리는 자신의 존재감을 보다 명확하게 경험하고, 주변에도 자신의 존재감을 증명할 수 있습니다.

따라서 행복한 삶을 영위하고 싶은 사람이라면 누구나 '자신의 의도를 성취하는 기술'을 배우고 단련해야 합니다. 모두가 이 기술을 익히기 위해서 노력해야 합니다.

당신은 지금 마음속에 어떤 의도와 목표를 품고 있나요? 금연, 다이어트, 원하는 대학 입학 또는 기업 입사, 작품의 완성, 경기에서의 승리, 인격 수양, 사랑하고 사랑받는 것, 매출 목표 달성, 상품 개발……. 이처럼 사람마다 각기 다른 의도와 목표를 품고 있겠지요. 그런데 모두가 목표를 성취하는 것은 아닙니다. 어떤 사람과 조직은 그들의 의도와 목표를 성취하지만, 다른 사람과 조직은 그 일에 실패합니다. 왜 그럴까요? 우리 함께 그 비밀을 배워보지 않겠습니까? 이 책은 바로 그 비밀을 배울 수 있는 학습 노트입니다.

평소 리더십과 세일즈를 주제로 강의하는 직업을 가진 제게 역량 competency이라는 단어는 아주 친숙한 단어입니다. 하지만 그 단어의 올바른 정의에 대해서는 정확히 알지 못했습니다. 어느 날 역량의 개념을 공부하다 그 단어의 진정한 의미를 깨닫게 되었을 때부터 제 삶은 시나브로 변해갔습니다.

제가 공부하면서 찾아본 여러 책에서 역량은 빙산에 비유되었습니다. 우리는 수면 바깥에 드러난 빙산을 보고 저게 빙산의 전부라고 생각하지 않습니다. 수면 아래에는 눈에 보이는 빙산보다 약 10배는 더 큰 빙산이 있다는 사실을 익히 알고 있습니다. 그리고 그 큰 빙산이 바깥의 빙산을 떠받치는 근원이라는 것도요. 마찬가지로 역량 역시 수면 바깥에서 쉽게 관찰할 수 있는 것과 수면 아래에 있어 쉽게 알아볼 순 없지만 훨씬 본질적인 역량이 있습니다. 수면 바깥에서 쉽게 관찰되는 역량에는 무엇이 있을까요? 지식의 양, 습득한 기술 수준 등이 있습니다. 반대로 수면 아래에 있는 진정한 의미의 역량에는 무엇이 있을까요? 사람의 가치관, 욕구, 성격, 자기 이미지 등이 있습니다.

  내가 어떤 가치관을 따르는지, 내가 무엇에 강한 욕구를 느끼는지, 나 자신에 대한 이미지와 성격은 어떠한지 등이 '진짜 역량'이라는 의미입니다. 역량에 대한 이러한 해석은 삶과 세상을 바라보던 지금까지의 제 시각에 여러모로 영향을 미쳤습니다. 우선 경쟁이 치열한 세상에서 스스로 경쟁력을 높이기 위해 진행했던 여러 학습에서부터 미묘한 변화가 시작되었습니다. 이전에는 특정 분야의 지식과 기술을 습득하기 위해 노력했다면, 지금은 좀 더 시야를 넓혀 나 자신의 그릇을 넓히려는 노력으로 전환한 것이지요. 또한 현재의 모습, 그리고 발전적인 변화로 이루어질 미래의 모습에도 좀 더 큰 자신감을 갖게 되었습니다.

  저처럼 강사 일을 하는 분 중에는 정말 실력이 뛰어나고 끼와 재능이 흘러넘치는 사람이 아주 많습니다. 그들의 이력을 살펴보면 학력과 경험 등에서 흔한 말로 '탁월한 스펙'을 가지고 있습니다. 저는 그들을 만날 때마다 마치 무림에서 고수를 만난 사람처럼 위축되었습니다. 그들과 나 자신을 비교하게 되고, 그러다 보면 정말 자신감과 의욕이 떨어졌습니다. 스스로 거인들과 자신을 비교하면서 좌절했던 저, 그러나 이제는 조금 달라졌습니다. 제 동기와 가치관이 올바르다면 저 역시 곧 그 거인들처럼 훌륭하게 성장하리란 것을 믿으니까요.

역량이라는 말을 좀 더 실감 나게 표현하자면 '실력'이라고 말할 수 있습니다. 바꿔 말하면 진짜 실력은 지식과 기술이 아닌 그가 지닌 가치관, 욕구(동기), 특질이라는 거지요. 히딩크 감독은 박지성 선수를 칭찬할 때 그의 축구 기술이 아닌 정신력을 높이 평가했습니다. 가수 박진영 씨는 자신이 이룬 성취의 원동력으로 "벼랑 끝에 내몰아서 자신이 누구인지 확인해보고 싶었다"는 이야기를 하지요. 박지성 선수의 가치관과 동기, 성격 등이 그가 최고의 축구 선수가 될 수 있었던 원인이었고, 자신을 확인하고 싶어 했던 박진영 씨의 치열한 욕구가 그가 만든 음악의 원인이었습니다. 즉 가치관, 성격, 욕구, 자기 이미지 등이 그들이 갖춘 진정한 실력의 근원입니다.

무엇을 이루고자 한다면 왜 그것을 이루고 싶어 하는지를 성찰해보고, 나의 진짜 동기와 욕구가 무엇인지 물어보아야 합니다. 올바른 가치관을 형성하고자 스스로 성찰하고, 나아가 동기를 더욱 키우고 욕구를 자극해야 합니다. 물을 퍼올리면 새로운 물이 샘솟는 우물처럼 욕구도 자극할수록 숨겨졌던 욕구를 분출합니다. 이러한 과정을 거쳐 단련되고 정화된 가치관과 동기는 당신에게 매우 강력한 에너지가 되고, 또 진짜 실력이 될 것입니다. 그리고 그러한 진짜 실력을 갖추었을 때 당신은 가슴속에 품고 있던 목표를 달성하는 자신의 모습을 보게 될 것입니다.

가치관

사람들은 다른 사람을 만나면 본능적으로 서로 평가하는 경향이 있습니다. '대단한 사람인 것 같은데 앞으로 친하게 지내면 좋겠다' 혹은 '보아하니 나보다 한 수 아래인 사람이로군' 하고 말입니다. 우리가 사람을 보고 맘에 든다, 안 든다 하고 평가하는 기준은 대략 3가지입니다.

먼저 그의 소유물을 봅니다. 평소에 알고 지내는 사람이 있다고 해봅시다. 그 사람에 대해 성격이 좀 까다롭고 개인주의적이라고 생각했지요. 우연히 주차장에서 마주쳤는데, 그의 자동차는 평범한 사람들은 엄두도 못 낼 고급 승용차였습니다. 어쩌면 그 뒤로 우리는 성격이 까다롭다고만 생각했던 그에 대한 이미지가 달라져 있는 자신을 발견할지도 모릅니다. 그래서 그를 만날 때 예전보다는 조금 더 친절한 태도를 보일 수도 있지요.

다음으로 중요한 평가 기준은 그의 행동입니다. 비슷한 방식으로 생각해봅시다. 평소에 회사에서 알고 지내는 사람이 있습니다. 얌전하기만 하고 그만그만한 사람이어서 특별히 관심을 두지는 않았습니다. 우연한 기회에 사내 체육대회에서 함께 어울려 축구를 했습니다. 그런데 그는 운동장을 주름잡을 만큼 놀라운 실력을 보여주었습니다. 환상적인 드리블과 정확한 패스, 결정적인 순간에 골 득점력까지, 그는 그야말로 그날의 주목받는 스타였습니다. 그날 이후 우리는 그의 얌전한 행동에서 타인에 대한 배려와 겸손을 읽을 것입니다. 그래서 그를 만날 때마다 먼저 다가가 반가운 인사를 건넬지도 모르겠습니다.

마지막 평가 기준은 가치관입니다. 쉽게 발견되지 않는 깊숙한 곳에 숨어 있는 것이지요. 가치관이라는 단어는 이해하기 어려운 개념이지만, 아주 쉽게 보면 우리가 중요하게 여기고 좋아하는 것들이라고도 볼 수 있습니다. 바로 그러한 것들이 반영되어 우리의 가치관을 형성하니까요. 당신은 어떤 동기가 있고 무엇을 좋아하는지요? 누구나 매일 이런저런 결정을 내리면서 살아갑니다. 그 결정에 영향을 미치는 무엇인가가 바로 당신의 가치관이 지닌 중요한 단면입니다.

평소에 무척 호감이 가는 사람이 있습니다. 그는 경제적으로도 부유하고, 세련된 스타일로 멋을 낼 줄 아는 사람입니다. 노래 실력도 꽤 훌륭하고 성격도 밝아서 저녁 모임에서 흥겨운 분위기를 주도합니다. 그런데 우연히 그가 공정하지 않은 방법으로 사적인 이익을 취한다는 사실을 알게 되었습니다. 그 이후 우리는 그를 만날 때 겉으로는 평소처럼 웃어주더라도 속으로는 경계하게 될지도 모릅니다.

사람을 평가하는 3가지 기준 중에서 제일 중요한 가치를 지닌 것은 무엇일까요? 누구나 가치관이라고 대답할 것입니다. 한 번 더 예를 들어볼까요? 당신이 사업을 시작한다고 가정해보겠습니다. 함께 일할 파트너를 선정해야 하는데 2명의 후보자가 있습니다. 불가피하게 2명 중 한 사람을 선택할 수밖에 없다고 해봅시다. A는 재능이 있지만 정직하지 않아 신뢰하기 어렵습니다. B는 정직하여 그의 말과 행동을 신뢰할 수 있지만 재능이 부족합니다. 누굴 고르시겠습니까? 분명 누구라도 B의 손을 잡겠지요. 비록 그는 재능이 부족하지만, 그 문제는 어떻게든 개선할 수 있으리라고 믿으니까요. 하지만 정직하지 못한 A의 인격은 쉽게 고치기 어렵습니다.

어떻게 사는 것이 성공으로 가는 길일까요? 저는 "어떻게 사는 것이 올바르게 사는 것일까요?"라고 묻지 않았습니다. 그런 질문을 하는 강사는 인기가 없습니다. 사람들은 성공하는 방법에 관심을 두지, 고리타분하게 '올바른 삶'에 대해서는 생각하고 싶어 하지 않습니다. 그런데 우리는 타인을 평가하고 선택할 때 결국 그 사람의 가치관을 중요하게 여깁니다. 정작 우리 자신의 가치관을 올바르게 정립하려는 노력은 소홀히 하면서 말이지요.

다시 한번 생각해봅시다. 어떻게 하면 성공할 수 있을까요? 올바르게 행동하면 성공합니다. 아마도 저의 생각에 동의하지 않는 분들도 계실 것입니다. 그것이 그분과 제 가치관의 차이입니다.

이미 아는 사람들의 인생을 살펴봅시다. 우리는 현실에서 직접 만난 사람 외에도 역사 속 인물과 국내외 유명 인사들을 포함하면 적어도 수백 명이 넘는 사람을 직간접적으로 알고 있습니다. 그들은 어떤 길을 걸었나요? 그래서 그들의 삶은 어떤 모습이었나요? 결국 그들은 어떤 결말을 맞이했나요? 그들이 걸어가서 끝내 마주한 마지막 모습은 그들이 그 길을 선택했기 때문입니다. 부산을 향해 걸었는데 결국 서울에 도착했다는 사람은 어디에도 없습니다.

초등학교 4학년인 둘째 아들이 《삼국지》를 좋아합니다. 《어린이 삼국지》를 여러 번이나 읽었는데 최근에는 제 책꽂이에 있는 《삼국지》 10권을 손대더니 금세 다 읽었습니다. 어느 날 지나가는 말로 저에게 말하길 "아빠, 나라를 일으킨 사람들은 성품이 올바르고 나라를 망치는 사람들은 성품이 나쁜 것 같아요"라고 했습니다. 저는 "아들아, 그렇단다. 올바른 가치관을 가지는 것이야말로 가장 중요한 능력이란다"라고 대답해주었지요. 《삼국지》에는 수많은 영웅호걸이 등장합니다. 비참하고 부끄러운 마지막을 맞이한 인물들은 결국 그들이 그 길을 선택했기 때문이었습니다. 길을 선택하는 것, 그것이 곧 가치관입니다.

우리는 어떻게 살고 있습니까? 우리가 내리는 이런저런 사소하고 많은 결정은 어떤 가치관이 반영된 것일까요? 그리고 그것은 올바른 것입니까? 다른 사람들이 나를 떠올릴 때 과연 무엇을 소중히 여겼던 사람으로 기억할까요? 우리가 반드시 유념해야 할 것은 결국 성공하는 사람과 실패하는 사람의 차이는 그가 선택한 길에 있다는 사실입니다.

욕구

어느 월간지에서 읽은 유머입니다. 동생이 형에게 이렇게 말했습니다.

"게으른 사람을 부지런하게 바꿔주는 학원이 있으면 좋겠다!"

그러자 형이 무심하게 대꾸했지요.

"그런 학원이 있다고 한들 게으른 사람이 학원에 나가겠어?"

간단하고 재미있는 유머지만 무엇보다 아주 중요한 사실을 말해주고 있습니다. 하고 싶은 마음이 없다면 아무것도 할 수 없다는 것이지요.

데일 카네기는 그의 불멸의 명저 《카네기 인간관계론 How to Win Friends and Influence People》에서 책을 읽는 독자에게 "이 기본적인 필요조건이 없다면 이 책에서 제시하는 여러 기법이 소용없을 것"이라고 했습니다. 그가 이야기한 필요조건은 무엇이었을까요? 바로 배우고자 하는 진지하고도 강렬한 욕구, 그리고 사람을 대하는 자신의 능력을 증대시키겠다는 단호한 결단력이었습니다.

애플의 CEO 고故 스티브 잡스는 스탠퍼드대학의 졸업식에서 "항상 배고파하고, 항상 무모하라 Stay Hungry, Stay Foolish"는 말로 축사를 마무리했습니다. 가장 창의적인 CEO로 손꼽히면서 세계 최고의 부자 중 한 사람인 스티브가 명문대를 졸업하는 전도유망한 젊은이들에게 전한 인생의 교훈이 참 의미심장합니다.

최근에 데일 카네기와 스티브 잡스가 이야기한 그런 삶의 태도를 보인 사람을 만난 적이 있습니다. 그는 서울대학교 치과대학을 졸업하고 서울 명동에 소재한 호텔에서 병원을 경영하고 있는 유능한 치과의사였습니다. 그는 제가 진행하는 데일카네기 교육에 관심이 많았지만 매우 신중한 사람이었습니다. 아내가 심리학을 전공했다면서 의논해보고 등록을 결정하겠다고 했지요. 다행히 아내의 승인(?)이 떨어져 그는 교육 코스에 등록했습니다. 그는 아주 적극적으로 교육에 참여했습니다. 강사의 모든 이야기를 경청했고 배운 것을 실천해보기 위해 노력했습니다. 그가 얼마나 열심이었느냐면, 매일 아침 출근길에 휴대전화 문자로 그날 실천할 일들에 대한 기대감을 이야기했고 저녁이 되면 흥분한 어조로 병원에서 있었던 이야기를 전해왔습니다. 저는 평상시와 다름없이 강의했고 다른 많은 사람도 이 수업에 참여하고 있었는데, 그는 유독 놀라운 변화와 성취도를 보여주었습니다. 도대체 어떤 차이가 있었던 것일까요? 자신의 부족함을 깨닫고 변화시키고자 했던 그의 진지하고도 강렬한 욕구, 그 이외에 성과의 차이를 말해줄 변수를 찾기는 어렵습니다.

저는 지금 욕구라는 말을 강조하고 있습니다. 항상 만족할 줄 모르는 욕심쟁이가 되라는 뜻이 아니라는 점을 주의하세요. 오히려 저는 성경에서 예수님이 "마음이 가난한 사람은 복이 있다. 하늘나라가 그들의 것이다"라고 하셨을 때 언급한 가난함을 이야기하고 싶습니다. 부자로서의 욕구는 우리를 목마르게 합니다. 아무리 마셔봐도, 마시면 마실

수록 더 목말라지지요. 자신의 욕구를 채우고자 오히려 자신을 소진하는 어리석음을 범하기 때문입니다. 반면 마음이 가난한 자의 욕구는 우리를 지혜롭게 합니다. 마음을 열어 둔 채 듣고 생각하게 하며, 우리 모두에게 필요한 것을 바라보게 합니다. 그것은 진실로 자신을 채우려는 갈증입니다.

진정 무엇인가를 이루고자 하는 강렬한 열망을 가졌을 때 우리는 진정한 의미의 변화를 시작할 수 있습니다. 당신에겐 어떤 열망이 있습니까? 당신은 어떤 열병을 앓고 있습니까? 삶에서 참으로 중요한 요소는 간절함입니다. 그것이 우리가 살아 있다는 증거이기 때문입니다. 살아 있다는 것은 존재에 대한 강렬한 열망입니다.

작은 일부터 시작해볼까요. 지금 나에게 필요한 것과 해보고 싶은 일 등을 최소 20가지 이상 적어보세요. 스스로 판단하지 말고 생각나는 대로 적는 것이 중요합니다. 생각보다 쉽지 않을 거예요. 자신이 무엇을 원하는지 잘 알고 있는 사람은 그리 많지 않습니다. 원한다고 얻는 것이 아니기에 지금껏 살아오는 동안 포기하는 법을 일찍 배웠을지도 모르겠습니다. 시간을 넉넉히 가지고 항목을 늘려가세요. 또 당신이 적은 항목 각각에 마음이 끌리고 관심을 두게 된 이유를 적어보세요. 최대한 솔직하게 자신의 욕구에 귀를 기울이세요.

당신의 욕구 중에 이로운 것이 있고 해로운 것이 있습니다. 우리는 본능으로 알 수 있습니다. 좋은 것을 선택하여 오늘 3명 이상의 사람에게 당신의 생각, 관심, 욕구와 관련된 이야기를 해보세요. 그렇지만 타인의 반응에 크게 개의치 마세요. 그들은 당신의 이야기에 큰 관심이 없을지도 모릅니다. 그럼에도 타인에게 이야기하는 이유는 당신이 자신의 욕구에 더 큰 관심을 두게 하기 위해서입니다. 당신이 먼저 들어야 합니다. 당신이 원하는 것을 자꾸 이야기하다 보면 당신은 더 크게 욕구할 것이며, 결국 욕구를 이루려고 즐거이 준비하는 자신을 발견하게 될 것입니다.

2장

사랑하면 할 수 있다

목표

    모든 재능 중에 가장 중요한 것을 저는 열정이라고 하겠습니다. 열정은 무엇인가를 하고자 하는 뜨거운 욕구를 의미합니다. 열정으로 번역되는 단어 중에 'enthusiasm'이 있습니다. 이 단어는 '안'이라는 의미의 en, 그리고 '신'이라는 의미의 thos라는 단어에서 기원했습니다. '안에 신이 있다'는 말은 다시 말해 신들린 상태를 의미합니다. 어떤 일을 수행하고자 하는 열망이 가장 강렬한 상태를 그렇게 묘사한 것이지요. 하늘로부터 '소명을 받았다'라는 표현 역시 그런 상태를 표현하는 것입니다.

  열정을 가장 중요한 재능이라고 하는 이유가 있습니다. 구슬도 꿰어야 보배라는 속담처럼 무슨 일이든 실행하지 않으면 아무 소용이 없습니다. 실행하지 않는다면 아이디어는 한낱 개념에 불과하고 사업계획서는 종이에 지나지 않습니다. 그런데 열정은 사람을 움직이게 합니다. 열정은 불과도 같아서 내가 타오르면 주변에 있는 사람에게도 전이되어 그도 불타오르게 합니다. 내가 타오르고 동료가 타오르고, 급기야 모두가 불타오르면 강력한 일체감과 어떤 일이든 힘차게 추진할 수 있는 힘을 얻습니다. 이렇게 중요한 열정을 일깨우고 또 간직하기 위해서 우리는 어떻게 해야 할까요?

눈에서 멀어지면 마음에서도 멀어진다는 말을 한 번쯤은 들어보셨겠지요? 예를 들어볼게요. 철수는 대학교에 입학한 후 처음으로 미팅에 나갔습니다. 세상에! 철수는 그곳에서 자신의 이상형을 만났습니다. 그는 첫눈에 그녀에게 반해버렸습니다. 철수는 신중한 작전을 통해서 그녀의 관심을 얻는 데 성공했습니다. 캠퍼스 커플이 된 그들은 거의 매일 만났고, 도서관 자리를 잡아주면서 함께 공부했습니다. 철수는 2학년을 마치고 군대에 가게 되었습니다. 복학하고 보니 그녀는 4학년이었고 이미 고무신을 거꾸로 신은 상태였습니다. 어디서 많이 들어본 이야기지요. 철수는 힘든 군대 생활을 하면서 늘 그녀를 생각하고 있었지만, 그녀는 철수가 멀리 떠나고 나니 점점 마음도 멀어졌습니다. 그러니 가까이에서 만날 수 있는 멋진 남자들에게 마음을 빼앗겼을 것입니다. 실제로 보든지 아니면 마음으로 상상해서 보든지, 매일 사랑의 대상을 보는 것은 사랑을 깊게 하는 데 매우 중요한 일입니다. 눈에서 멀어지면 사랑도 떠나기 마련이지요.

  목표를 달성하는 것 역시 마찬가지입니다. 이루고자 하는 미래의 목표를 현실처럼 눈으로 보고, 지금의 일처럼 생생하게 느낄 필요가 있습니다. 성취의 짜릿함을 떠올리면 지금 당장 그 감각이 온몸으로 느껴질 만큼 푹 빠져야 합니다. 적절한 비유가 될지는 모르지만 떡 줄 사람은 생각도 않는데 김칫국 먼저 마신다는 우스갯소리가 있지요. 저는 기꺼이 김칫국을 마시는 사람이 되라고 응원하겠습니다. 김칫국을 마시는 사람은 곧 떡을 먹을 수 있습니다. 지금까지 성공의 비밀이라고 알려진 모든 것들의 핵심은 희망하는 것을 마음속에 생생하게 그려보는 것입니다. 수천 년의 시간이 흐르는 동안 내내 수없이 많은 사람이 강조해온 이 비밀은 정말로 효과가 있습니다.

  오늘 당신이 해야 할 일이 있습니다. 바로, 일기를 써보세요. 당신이 써야 할 일기는 오늘의 일기가 아닙니다. 아무 근거 없는 낙관론의 피해를 방지하고 보다 구체적으로 상상하는 능력을 키우기 위해서 우선 3개월 정도의 미래를 그려봅시다. 3개월 후의 어느 날에 쓸 일기를 지금 써보는 것이지요. 저 역시 이런 일기를 쓰고 있습니다. 저는 다음 분기에 중요한 프로젝트가 예정되어 있습니다. 그 내용을 구체적으로 말씀드릴 수는 없지만, 일기 속에는 제가 그 프로젝트에서 반드시 달성해야 할 일들을 실제로 달성한 상황이 펼쳐져 있습니다. 저는 너무도 명확하게 그날의 일을 떠올릴 수 있기 때문에 마치 오늘 일어났던 일처럼 생생하고 구체적으로 묘사했습니다. 덧붙여 그 일기를 쓰는 동안 마음속에 남아 있던 일말의 불안감, 즉 과연 내가 그 일을 달성할 수 있을까 하는 의구심과 불안은 사라지고 묘한 승부욕이 일었습니다.

스스로 물어보세요. 자신의 목표가 비록 쉽지는 않지만 불가능한 것인지 아니면 실현 가능한 것인지, 그리고 꼭 달성해야만 하는 것인지를요. 답은 금방 나옵니다. 허무맹랑하게 높은 목표가 아니며, 어렵지만 반드시 도달할 수 있다는 답이 나왔나요? 그렇다면 두려움을 떨쳐내고 목표를 달성한 순간의 상황을 더욱 그려보세요. 마치 영화감독이 자신의 구상을 실현할 시나리오를 적어보듯이 미래의 내 모습을 생생하게 묘사한 일기를 써보는 것이지요.

당신이 좀 더 신중한 사람이라면 목표를 달성하기 전, 어떤 중요한 고비를 넘어야 하는 날을 선정해볼 것을 권합니다. 목표 달성을 위해 얼마나 열심히 땀을 흘리고 있을지 그날의 모습을 생생하게 그려보는 일기를 쓰는 것이지요. 목표 달성의 과정을 상상하고 묘사하는 일은 목표에 대한 현실감을 더욱 높여주고 짜릿한 승부욕도 자극합니다.

우리가 목표에 집중하기 어려운 이유는 지금 당장 눈에 보이지 않기 때문입니다. 가까이서 매일 본다면 당신은 분명 목표를 이루고자 하는 뜨거운 마음, 즉 열정에 사로잡힐 것입니다.

상상

　　함께 상상해볼까요? 유명한 영화감독이 찾아오더니, 당신의 인생을 소재로 영화를 한 편 만들고 싶다고 제안했습니다. 당신은 "제 인생을요? 말도 안 돼!" 하면서 거절했지만 그 감독은 따뜻한 미소를 건네며 정말이지 정중하게 당신을 설득했습니다. 그래서 일단 요청을 받아들이고 함께 시나리오를 만드는 작업을 시작했지요.

　먼저 당신은 지금까지 어떻게 살아왔는지, 최대한 기억을 살려서 솔직하게 이야기를 시작합니다. 영화감독과 시나리오 작가는 소파에 푹 파묻혀 앉은 채로 당신의 이야기를 경청했습니다. 밖으로 나가 시원한 바람을 쐬며 이야기를 나누기도 했습니다. 영화감독은 흥미로운 표정으로 가끔 시의적절한 질문을 던져 당신이 이야기보따리를 잘 풀어내도록 도와주었습니다.

　"하하, 제 이야기가 좀 시시하죠? 이런 이야기가 영화 소재로 쓰일 수 있을까요?"

　당신은 겸연쩍은 표정을 여러 번 지으면서도 나름 신 나게 살아온 이야기를 풀어냅니다. 몇 주 후 영화감독이 완성된 시나리오를 들고 찾아왔습니다. 읽어보라며 건넨 대본을 두근거리는 마음으로 읽었습니다. 그런데 뭔가가 좀 이상했습니다. 시나리오에 쓰인 이야기는 분명 당신의 삶이었지만 동시에 당신의 삶이 아니었습니다. 솔직히 말하면 당신이 살아온 실제 이야기보다 훨씬 극적이고 감동적이었습니다. 한마디로 더 근사해 보였습니다.

좀 의아해하는 당신의 표정을 읽고 영화감독은 당신의 마음을 이해한다며, 영화는 관객을 매료시켜야 하므로 실제 이야기보다는 좀 더 흥미를 끌 만한 요소가 있어야 한다고 설명해주었습니다. 사실 그대로 영화를 만들면 재미가 없다는 말도 덧붙였지요. 당신이 실제로 살아온 삶을 그린 영화 시나리오는 당신의 이야기인 동시에 또한 새로운 이야기였습니다. 시나리오에 담긴 이야기는 실제이긴 하나 실제보다 훨씬 더 멋있고 정말 그대로 따라 살고 싶은 삶의 모습이었습니다.

지금까지 함께 상상한 이야기는 실제로 많이 일어나는 사례입니다. 우리는 영화관에서 실존 인물을 소재로 한 영화를 자주 접합니다. 당신이 알고 있는 영화 중에서도 "이 영화는 실화를 기반으로 만들었습니다"라는 자막을 띄운 영화가 몇 개 있을 거예요.

그럼 이번에는 앞의 상상과 비슷하지만 조금 다른 상상을 해볼까요. 어느 날 유명한 영화감독이 시나리오 작가와 함께 당신을 찾아왔습니다. 당신이 살아갈 미래의 이야기를 소재로 영화를 만들고 싶다는 거지요. 당신은 "뭐라고요? 아니 내가 앞으로 어떻게 살아갈 줄 알고 영화를 만들어요? 말도 안 되는 소리 하지 마세요!" 하면서 펄쩍 뛸지도 모릅니다. 감독은 눈도 깜짝하지 않고 진지한 표정으로 당신을 설득합니다.

"흥분하지 마시고 우선 제 얘기를 한번 들어보세요. 이건 말이 되는 이야기입니다. 지난 과거 이야기에서 영감을 얻어 멋진 이야기를 창조해낸 영화는 이미 수없이 많습니다. 이것과 다를 게 전혀 없습니다. 우리는 당신이 앞으로의 자기 삶을 어떻게 상상하고 있는지를 들어보고 그것에서 영감을 얻어 멋진 이야기를 창조하려는 것이니까요."

결국 설득당한 당신은 영화감독, 시나리오 작가와 함께 미래의 이야기를 만들어가기 시작했습니다. 이 작업은 당신이 살아온 과거를 이야기해주는 것보다 훨씬 더 어려운 일이었습니다. 당신은 뭐라고 말을 해야 할지 몰라서 자주 이야기를 멈추었고, 긴 침묵이 흐르기도 했습니다. 영화감독은 인내심을 가지고 포기하려는 당신을 격려했습니다. 때론 "이런 삶의 이야기는 어때요?" 하면서 힌트를 던지기도 했지요. 그렇게 몇 날 며칠의 작업을 끝내고 몇 주 만에 영화감독이 완성된 시나리오를 들고 나타났습니다. 그 대본은 정말 멋졌습니다. "아!" 하는 감탄이 자신도 모르게 수차례 터져 나왔습니다. 이렇게 살 수만 있다면 후회할 게 없겠다는 생각이 들었습니다. 그러고는 이 영화를 완성해야겠다는 확고한 마음이 들었습니다. 필름이 아닌 실제 당신의 삶으로서 말이지요.

어떤가요? 당신이 사랑하는 가족과 벗, 동료, 그리고 전혀 만난 적이 없는 수많은 동시대인이 함께 출연하여 멋진 모험을 떠나는 시나리오를 써보시지 않겠습니까? 그 이야기 속에서도 어떤 식으로든 문제가 발생하고 갈등이 일어날 것입니다. 하지만 당신은 결국 시련을 극복해서 행복한 결말을 만들고야 말겠지요. 그러니 이제 그 시나리오를 실제

삶으로 살아내는 영화를 제작해보지 않겠습니까? 당신의 멋진 대본을 기대합니다.

사랑

말콤 글래드웰Malcolm Gladwell은 그의 유명한 책 《아웃라이어Outliers: The Story of Success》에서 우리가 천재라고 부르는 사람들이 놀라운 업적을 인류에 남길 수 있었던 이유는 그들의 천재성보다는 1만 시간 이상의 철저하고도 집중된 순도 높은 연습의 경험이 있었기 때문이라는 매우 흥미로운 주장을 제시했습니다. 이러한 주장은 설득력이 있으며, 또한 남보다 더 열심히 노력하면 나도 할 수 있다는 희망을 주어 좋습니다. 다만 문제점은 그런 지독한 연습은 매우 지루하고 어려우므로 포기하는 사람들이 많다는 것입니다.

1만 시간 이상의 단련 기간을 통과한 사람들은 과연 다른 이들보다 인내심이 많을까요? 아마 그런 면도 없지 않아 있겠지만 그것만으로는 뭔가 부족한 설명이라는 생각이 듭니다. 제가 동기부여와 셀프 리더십에 관련된 강의와 훈련을 진행하면서 발견한 것은 대단한 성취를 달성한 사람들이 가진 또 하나의 공통점은 그 성취를 달성하기까지의 어려운 여정을 별로 힘들게 생각하지 않는다는 것이었어요. 저는 그들이 그럴 수 있었던 이유를 사랑에 비유해서 말씀드리고 싶습니다.

성경에는 야곱이라는 사람의 일화가 소개되어 있습니다. 그는 한 여인을 진실로 사랑해서 그 여인과 결혼하기를 원했습니다. 그 여인의 아버지는 자신의 딸과 결혼하려면 자신의 집에서 7년간 종으로 일하라고 요구했습니다. 야곱은 그 제안을 기꺼이 받아들였습니다. 놀랍게도 야곱은 사랑하는 여인과 결혼하기 위한 대가로 일해야 했던 7년을 2~3일쯤으로 여겼습니다. 도대체 얼마나 사랑했기에 그 7년의 봉사가 2~3일 정도로 가볍게 느껴졌을까요? 7년이 지난 후에 여인의 아버지는 야곱을 속이고 여인의 언니를 야곱에게 시집보냈습니다. 야곱은 정말로 분노했습니다. 그러자 장인이 될 사람은 지방 풍속 때문에 언니보다 동생이 먼저 시집갈 수 없다고 변명하면서 다시 7년을 봉사하라고 요구했습니다. 야곱은 다시 7년을 기꺼이 종으로 봉사했습니다.

저는 이와 비슷한 맥락의 이야기를 한 사업가에게서 들었습니다. 그는 젊어서 한 여자를 사랑했습니다. 자신은 서울에서, 여자는 청주에서 직장 생활을 했습니다. 그는 야근도 많았기에 늦게 퇴근하는 날이 대부분이었습니다. 피곤한 몸을 이끌고 집으로 돌아오면 유일한 낙은 사랑하는 여자와 전화 통화를 하면서 하루의 일을 이야기하는 것이었습니다. 통화는 대부분 한 시간을 넘기기가 일쑤였지요. 한 시간을 넘게 전화로 이야기하다 보면 보고 싶은 마음이 정말 간절해졌다고 합니다. 결국은 차를 몰고 그 밤에 청주로 달려갔습니다. 자정 넘어 청주에 도착하여 잠시 여자의 얼굴을 보고, 다시 운전해서 서울에 오면 새벽

4~5시가 되었지요. 한두 시간 잠을 자고 일어나 출근했습니다. 그렇게 피곤한 하루를 마치고 집에 돌아오면 다시 여자와 전화 통화를 했습니다. 좀 참았다가 주말에 만나자고 마음먹었다가도 결국 보고 싶은 마음을 참지 못해서 또 그 깊은 밤을 가르고 청주에 내려갔지요. 그렇게 몇 년을 지내다 드디어 결혼했답니다. 그 사업가는 사랑하는 사람을 만나기 위해서 거의 매일 밤 서울과 청주를 오가는 일을 반복했는데, 그것이 그에게 고통이었을까요? 아마 그렇지 않았을 것입니다. 물론 힘들었겠지만 오히려 즐거웠을 거예요. 그러니 매일 밤 청주를 다녀올 수 있었겠지요.

사람을 사랑하는 마음을 일에 연결하는 것이 적절하지 않다고 생각할 수도 있으나, 조금만 유연하게 생각해보면 여기에서도 교훈을 얻을 수 있습니다. 당신은 일과 목표를 좋아하고 사랑하나요? 우리에게 필요한 것은 사랑할 줄 알고 사랑에 빠질 줄 아는 능력입니다. 그 일을 해야 할 가치, 목표를 달성해야 할 가치를 분명하게 알고자 노력함으로써 마침내 그 일과 목표를 좋아하는 경지까지 이르러야 합니다.

슬럼프에 빠지는 사람들이 가진 공통점은 자신이 하는 일의 중요성을 느끼지 못하는 것입니다. 어느 순간 자신의 일이 사소하게 느껴지고 무가치하게 느껴지는 것이지요. 슬럼프에 빠진 사람이 우연하게 멘토를 만나서 다시 힘을 얻었다면 아마도 그는 멘토에게서 자신이 하는 일의 가치를 새롭게 깨닫는 지혜를 얻었을 것입니다.

우리는 1만 시간이라는 먼 길을 걸어야 목적지에 도달할지도 모릅니다. 좋아하고 사랑에 빠지지 않는다면 그 여행을 포기할 가능성이 높습니다. 당신이 하는 일을 사랑하는 법을 먼저 배우라고 말씀드리고 싶습니다. 사랑은 사랑할 만한 대상이 있어서가 아니라 사랑할 줄 알기에 빠지는 것입니다. 그 사랑은 당신을 목표 달성으로 인도할 것입니다.

선언

모 은행의 중간 간부들에게 대인 영향력을 증대시키는 교육을 진행할 때의 일입니다. 제가 수행하는 리더십 교육의 목적 중 하나는 자기를 보다 적극적이고 긍정적으로 표현하는 기술을 익혀 일련의 목표를 달성하는 능력을 개발하는 것입니다. 이번 프로젝트 역시 비슷한 교육 목적을 가지고 수행되었습니다.

프로그램의 내용 중에는 '비전을 이야기하는 법'을 다룬 부분이 있었습니다. 조직의 매니지먼트를 책임지고 있는 리더들에게 매우 필요한 기술이지요. 리더가 수행하는 책무 중 중요한 부분은 조직원들에게 비전과 가치를 공유하는 것입니다. 대부분 이를 잘 알고 있지만 정작 지식으로만 알고 있는 경우가 많으며, 실제로 어떤 방식으로 이야기해야 비전과 가치가 효과적으로 공유되는지, 어떻게 해야 사람들의 마음에 기대감이 생기고 도전 욕구가 자극되는지는 모르고 있는 경우가 많습니다.

비전을 이야기할 때 우리가 얻어야 할 결과는, 듣는 사람에게서 "너무 멋진 계획이군요! 저도 참여하고 싶어요"와 같은 강렬한 동기를 이끌어내는 것입니다. 이 같은 반응을 이끌어내는 능력이 리더가 갖추어야 할 커뮤니케이션 기술입니다.

동기부여 방식으로 비전과 계획 혹은 목표를 전달하는 능력을 증진하기 위해서 많이 활용하는 방법은, 우선 개인적인 비전을 작성하여 사람들 앞에서 발표하는 연습을 시키는 것입니다.

이번 리더십 교육 중에도 유사한 연습 활동이 있었는데, 저는 새삼 중요한 사실을 깨달았습니다. 그것은 준비도 미비하고 무관심해 보이던 사람들이 정작 자신이 발표해야 할 시점이 되어 무엇인가 자신의 의도와 생각을 사람들에게 이야기하고 난 후에는 태도가 달라졌다는 것입니다. 사실 새로울 것도 없는 발견입니다만 제 마음에는 무척 중요하게 다가왔습니다.

저는 수강생들에게 3년 뒤에 무엇을 하고 싶은지 생각해보라고 요청했습니다. 생각을 정돈하고 간단하게나마 글로 정리할 때까지 기다린 후, 한 명씩 일으켜 세워서 자신의 계획을 사람들에게 흥미진진하고 생동감 넘치게 묘사해달라고 요청했습니다. 이 과제는 절대 쉽지 않지만, 긍정적이고 지지하는 수업 분위기 덕분에 모두 용기를 내어 성공적으로 수행했습니다. 활동을 마친 후 우리의 활동을 평가하는 시간을 가졌습니다. 무엇을 느끼고 배웠는지 이야기해보는 시간에 모두가 공통으로 한 이야기는 자신의 목표가 선명해졌고, 그 목표를 달성하고자 하는 욕구와 기대감이 높아졌다는 것이었습니다. 왜 이런 변화가 나타났을까요? 그것은 사랑 고백 후에 나타나는 변화와도 유사합니다.

저는 목표를 달성하는 기술을 사랑하는 기술과 관련지어 말씀드리고 있습니다. 사랑한다고 생각만 하는 것과 용기를 내어서 "사랑합니다"라고 말하는 것에는 큰 차이가 있습니다. 생각만 하고 있을 때는 사랑의 감정이 마치 좁은 관에서 흘러나오는 가는 물줄기와 같다면, 용기 있게 목소리를 내어 고백하고 난 후의 사랑의 감정은 막혀 있던 무언가를 터뜨리고 쏟아지는 굵은 물줄기와 같습니다. 사랑의 감정이 더욱 확실해지고 강력해진다는 뜻이지요. 사랑은 표현할 때 더욱 성장합니다.

우리는 자신의 생각을 모를 때가 자주 있습니다. 정말 무엇을 원하는지 나 자신도 모를 때가 있다니, 정말 이상한 일이지 않나요? 우리는 자신의 욕구에 귀를 기울여야 합니다. 사람은 누구나 마음에 욕구가 있습니다. 하지만 귀를 기울여서 그 욕구를 듣는 시간을 많이 가져본 적은 없습니다. 그런 이유로 욕구는 숨겨져 있고 잠자고 있습니다. 우리의 능력 중 많은 부분이 잠자고 있는 것처럼 우리의 욕구 중 많은 부분이 잠들어 있습니다. 욕구를 자극하지 않는다면 우리는 위대한 일을 성취하기 어렵습니다.

만일 당신이 진정 사랑을 하고자 한다면, 당신에게 사랑의 감정을 일깨운 사람에게 찾아가서 사랑한다고 이야기하세요. 현재 당신의 사랑은 아주 작은 것일지도 몰라요. 약간의 어려움만 닥쳐도 쉽게 그 사랑을 포기할 수도 있습니다. 당신의 사랑을 위대한 것으로 만드는 것은 용기 있는 고백에서 시작합니다. 당신이 원하는 것을 상상하고 그것을 이야기해보세요.

자신을 표현하는 법을 배우면 세상을 얻는 법을 배운 것과 같습니다. 자신을 표현하지 않는데 어찌 세상이 나를 알아주겠습니까?

3장

성장 가속 사이클

학습

"학습은 변화이다 Learning is a change."

교육심리학 책에서 읽은 학습에 대한 정의입니다. 저는 이 문장에 압도되어 여러 번 되풀이해 읽으면서 그 의미를 깊이 생각해보았습니다. 그리하여 '학습의 목적과 결과는 변화'이며, 또한 '변화에 적응해가는 과정이 곧 학습'이라는 결론을 얻었습니다.

학습은 우리를 달라지게 합니다. 삶에 변화를 주고 싶은데 어떻게 해야 하느냐고 묻는다면, 그 해답은 학습에 있습니다. 우리는 살면서 실패를 겪기 마련입니다. 우리의 뜻대로 되는 일이 생각보다 많지 않습니다. 그럴 때마다 우리는 좌절하고 절망하면서 마음속에 품었던 삶에 대한 희망을 버립니다. 내가 할 수 있는 일이 별로 없는 상황에서 열정을 유지하기란 어려운 일이니까요. 저 역시 이런 패배감을 가지고 있었는데, 학습은 곧 변화이며 변화의 가장 큰 동력은 학습이라는 명제에서 큰 위로와 격려를 받았습니다. 적어도 무엇인가 할 수 있는 일이 생겼으니까요.

과거에는 우리의 삶 대부분이 신분 상속으로 결정되었습니다. 하지만 오늘날은 그렇지 않습니다. 먼저 된 사람이 나중 되고 나중 된 사람이 먼저 되는 식의 변화가 무척 많습니다. 미국의 경영학자인 피터 드러커는 교육이야말로 그 변화의 가장 큰 동인임을 강조한 바 있습니다. 저는 그의 말이 기쁘고, 또한 옳다고 생각했습니다.

우리가 어렸을 때는 무엇을 배워야 하는지가 이미 결정되어 있었습니다. 그리고 시험을 보아야 했고 그에 따라 성적이 매겨졌습니다. 어릴 때의 학습은 변화를 위한 것이 아니었습니다. 그저 해야만 하는 의무 같은 것이었지요. 물론 우리가 의도한 학습은 아니었지만, 그 결과로 변화하고 성장하기도 했습니다. 성인이 된 지금의 상황은 다릅니다. 우리는 변화를 꿈꾸고 있으며, 그래서 배우고자 하는 자발적인 열망을 품고 있습니다.

필요한 것이 너무 많습니다. 원한다고 다 가질 수는 없겠지만, 적어도 내게 꼭 필요한 것이 무엇이고 원하는 것이 무엇인지만큼은 정확히 알고 싶습니다. 우리가 살아온 지난날의 이야기는 분명한 과거입니다.

바꿀 수가 없습니다. 하지만 앞으로 살아갈 미래는 아직 만들어지지 않은 불명확한 이야기입니다. 좀 더 근사하고 매력적인 모험으로 이루어진 이야기를 살아가고 싶습니다. 그런 욕심이 우리 모두의 마음속에 있습니다.

저는 중학생이 된 저의 딸아이가 대학생이 된 모습을 상상해봅니다. 이 아이가 어른이 되면 무엇을 할까요? 이런 상상을 해봅니다. 꿈이 늘 바뀌던 아이가 짧은 소설을 두어 편 출간한 작가가 되었습니다. 신기하게도 사람들이 그 책을 좋아해 제법 팔렸습니다. 저는 아이를 꼬드겼습니다.

"아빠와 함께 공동으로 소설을 써보면 어때? 함께 스토리를 찾아보고 구성해보는 거야. 어때, 재미있겠지?"

아이는 의구심의 눈으로 바라보다가 이내 웃으면서 "그래요, 한번 해봐요" 하고 동의합니다. 제게는 소설과 글쓰기를 배워야 하는 이유가 생겼습니다.

학습은 필요를 인지하는 것에서 시작합니다. 이는 아주 중요한 원칙입니다. 혹시 무엇을 배워야 하는가, 어떻게 배워야 하는가를 고민하고 계신가요? 그렇다면 정말 당신이 원하는 것이 무엇인지를 귀 기울여 들어보세요. 우리의 삶은 아주 오래 살아도 100년밖에 지속할 수 없습니다. 우리가 가지고 있는 돈과 앞으로 벌 수 있는 돈으로는 아마도 자녀를 훌륭히 뒷바라지하고 우리의 노년을 준비하기에 벅찰 것입니다. 원한다고 해서 모두 다 할 수는 없습니다. 그러니 원하지도 않는 일에 시간을 낭비하는 어리석음은 피해야 합니다.

오늘날 정보기술의 발달로 학습 방법이 고도화되었습니다. 스마트폰의 대중화로 이제는 어느 곳에서나 동영상 강의를 들을 수 있고, 정보를 검색할 수 있으며, 편집할 수 있고 공유할 수 있습니다. 다양한 학습 도구를 활용하여 첨단의 방식으로 학습하는 것은 우리에게 또 하나의 기쁨을 가져다줍니다. 하지만 기억할 것은 기술이 아무리 발전한다고 해도 본질이 달라지지는 않는다는 것입니다. 다양한 교육 기법의 발전은 교실을 좀 더 현장과 유사하게 만들어줄 뿐입니다. 아무리 통신기술이 발전해도 직접 만나서 얼굴을 마주 보고 대화하는 것을 능가할 수 없는 것처럼 말이지요.

가장 훌륭한 교실은 현장입니다. 가장 효과적인 학습 방법과 도구는 직접 해보는 것입니다. 일본 기업의 창조성 연구로 유명한 노나카 이쿠지로 교수는 암묵지와 형식지의 비유를 들어서 실천 학습의 중요성을 말했습니다. 형식지는 글로 표현된 지식을 의미합니다. 책을 읽어 형식지를 획득하는 것으로만 학습이 그친다면 비용에 불과합니다. 실행을 통해 우리의 몸에 저장된 암묵지로 승화시켜야 하며, 그것을 다시 형식지로 표현해서 다른 사람들에게 전파하고 공유하는 선순환이 이루어져야 합니다. 그럴 때 학습은 변화를 완성해나가는 도구가 됩니다.

알라딘의 램프 요정처럼 모든 소원을 들어주는 거인이 있기를 꿈꾸던 어린 시절이 생각납니다. 여전히 어른들도 그 꿈을 가지고 있습니다. 비범한 초능력을 가진 주인공을 다룬 영화가 계속 만들어지는 것만 봐도 알 수 있지요. 학습이야말로 램프의 요정입니다.

당신은 삶에 무엇인가를 기대하고 있습니까? 그렇다면 열심히 배워 봅시다. 그것이 인생을 잘사는 멋진 방법입니다.

연습

제가 35세였을 때입니다. 아침에 출근해서 이메일을 확인하는데 '35세를 위한 컨설턴트가 되는 길'이라는 제목으로 세미나 안내 메일이 도착해 있었습니다. 저는 즉시 참가 신청을 했습니다. 제목이 맘에 들었고, 마치 저를 위해 준비된 세미나 같았습니다. 저는 그 세미나에 참가했다가, 오래전 일이지만 지금도 생생하게 기억하고 있는 교훈을 얻어 왔습니다.

그날의 강사는 자신의 경험담을 바탕으로 컨설턴트로서 성장하는 법을 이야기했습니다. 그는 공장자동화 및 생산성 향상 부분과 관련된 어떤 컨설팅 분야에 관심을 두게 되었다고 합니다. 그래서 흥미를 느낀 분야와 관련된 정보를 찾기 시작했고, 다양한 세미나에 참석해 공부했습니다. 학회에도 가입해 여러 사람과 교류했습니다. 점차 흥미가 깊어진 그는 일본에 산업 시찰을 다녀오기까지 했고, 그 컨설팅 기법을 자신이 근무하는 회사에 도입하여 좋은 성과를 내기도 했습니다. 그는 꾸준히 그 분야를 공부했으며 그 결과 관련 학회지에서 연구를 요청받기까지 했지요. 그는 연구를 수행하여 논문을 학회지에 게재했습니다. 그가 특정 분야에 관심을 둔 이후 꾸준하고 체계적으로 학습해나간 모습은 매우 인상적이었습니다. 그런데 다음 이야기가 더욱 재미있었습니다.

강사는 자신이 학회로부터 연구를 의뢰받아 논문을 게재하기까지 했다는 말을 마치고 청중에게 이렇게 질문했습니다.

"여러분 생각에 제가 이 분야에서 전문가가 된 것 같습니까?"

제 생각에 그는 전문가였습니다. 세미나에 참석한 다른 사람들도 그렇게 느끼는 것 같았습니다. 그런데 그는 자신이 전문가가 아니라고 말했습니다. 이어서 자신의 이야기를 계속했습니다.

그는 진실로 그 분야에 더 깊은 흥미를 느꼈습니다. 그래서 좀 더 많은 경험을 쌓아보고 싶었습니다. 하지만 그에게 돈을 주고 프로젝트를 의뢰하는 기업은 없었습니다. 그가 찾아낸 곳은 안산과 반월공단에 있는 수만 개의 중소기업이었습니다. 그곳의 중소기업 사장들은 그의 프로젝트 제안을 기꺼이 받아들였습니다. 프로젝트에 착수하기 위해 그가 공장에 방문했을 때 그는 책상 하나를 받았으며, 놀랍게도 실제 프로젝트는 수행하지 않아도 좋다는 이야기를 들었습니다. 그 공장의 사장은 생산성 향상을 위한 새로운 프로젝트 수행에는 관심이 없었습니다. 단지 정부가 지원하는 중소기업육성자금을 확보하는 요건을 마련하는 것이 진짜 목적이었습니다.

이런 상황을 좋아하는 컨설턴트들도 있을지 모르겠습니다. 서류는 상호 합의하여 허위로 작성한 채 아무것도 하지 않아도 정부로부터 컨설팅 비용을 지급 받으니까요. 하지만 그는 그렇게 하지 않았습니다. 그의 궁극적 관심은 실제 프로젝트를 수행하고 연구하여 더욱 그 분야에서 성장하는 것이었으니까요. 그는 공장의 사장을 잘 설득한 후 최선을 다해 프로젝트를 수행했습니다. 착수해서 종료하기까지 약 일 년 정도가 소요되는 장기간의 프로젝트였습니다. 실제로 그가 받은 컨설팅 비용은 시간당 몇만 원밖에 되지 않는 매우 적은 돈이었지만, 그는 프로젝트 하나하나를 온 힘을 다해 수행했습니다.

그는 세미나에 참석한 사람들에게 질문했습니다.

"제가 몇 건 정도의 프로젝트를 수행했을 것 같습니까?"

프로젝트는 약 일 년 정도의 시간이 소요되는 것이었기에 사람들 대부분은 많으면 수십 개 정도의 프로젝트를 해보았겠다고 생각했지요. 그런데 그의 대답은 놀라웠습니다.

"저는 700여 개의 프로젝트를 수행하는 경험을 쌓았습니다."

세상에, 700개의 프로젝트를 수행했다니······. 모두 놀라워했습니다.

"이제 제가 이 분야의 전문가라고 해도 무방합니까?"

그의 질문에 청중들은 모두 감동하여 큰 목소리로 그렇다고 대답했습니다.

저는 그 세미나에서 매우 중요한 것을 배웠습니다. 바로 지식의 진정한 의미입니다. 우리는 태어나서 약 30년을 공부한 후 사회에 진출합니다. 그동안 정말 열심히 공부합니다. 하지만 기업들은 정작 신입 직원을 채용하면 몇 년을 다시 가르쳐야 한다고 이야기합니다. 책을 많이 읽는 것, 학교와 학원에 등록해서 열심히 공부하는 것 등도 중요하지만, 우리의 학습 방법에 변화가 필요하다는 느낌이 듭니다. 아무래도 지금처럼만 해서는 부족하다는 생각이 듭니다.

정말 중요한 것은 연습입니다. 직접 수행해보고 시행착오를 겪으면서 몸으로 배워나가는 것이야말로 문제를 해결하고 새로운 것을 창조하는, 진정한 의미의 지식을 습득하는 방법입니다.

메이저리그에 나가고 싶은 운동선수는 매일매일 지루한 반복 연습을 해야 합니다. 당신은 지금 미래를 위해서 무엇을 연습하고 있습니까? 지식을 실천하고 연습해보지 않겠습니까? 지식의 양이 아니라 연습의 양이 당신을 메이저리그로 보내줄 것입니다.

인내

박웅현 씨와 강창래 씨는 그들의 저서 《인문학으로 광고하다》에서 책을 쓰는 목적은 사람들에게 말을 걸기 위해서라고 했습니다. 이 말은 저에게도 적용됩니다. 저 역시 세상 사람들에게 말을 건네려고 아침에 눈 비비고 일어나서 이 글을 쓰고 있습니다. 무슨 말을 건네고 싶은 것일까요? 그리고 들으려 하는 사람이 없을 수도 있는데 굳이 애써서 말을 건네려고 하는 까닭은 무엇일까요?

위로와 격려가 필요하다고 생각했습니다. 이런 생각을 먼저 하고 글을 쓰기 시작하지는 않았습니다. 박웅현 씨가 강창래 씨에게 책을 쓰는 목적을 질문했을 때, 그 질문이 저에게로 왔고 그래서 저도 한번 생각해보았습니다. 좋은 질문은 지혜를 얻게 하는 가치가 있습니다.

강의를 업으로 삼고 살아가는 일은 여러모로 흥미롭습니다. 참 많은 사람을 만나거든요. 특히 제 강의 스타일은 조금 독특한 구석이 있어서, 강의하는 시간보다 수강생 한 사람 한 사람에게서 삶의 이야기를 들어보는 시간이 더 많습니다. 그들의 이야기를 들을 때마다 인간은 위대하면서 가여운 존재라는 것을 느낍니다. 속 깊은 이야기를 듣다가 저절로 눈물이 흐를 때도 있습니다. 그런 경험을 통해 그가 부유하든 가난하든, 잘생겼든 못생겼든, 나이가 많든 적든, 그 무엇도 상관없이 누구에게나 위로가 필요하다는 깨달음을 얻었습니다.

사는 것은 무엇인가를 하는 것입니다. 누구에게나 해야 할 무엇이 있습니다. 예외가 없지요. 많고 적음의 차이만 있을 뿐, 각자가 느끼는 무게는 차이가 없습니다. 자신의 것이 가장 절실하고 가장 무겁기 마련입니다. 당신이 하려는 게 무엇이든, 포기하지 말고 열심히 하라는 응원을 보내는 한 여인의 이야기를 들려 드리겠습니다.

사람들 대부분은 아이를 쉽게 얻을 수 있다고 생각합니다. 저 역시 그런 사람 중 하나입니다. 결혼도 했고 그러니 아이를 낳자고 생각하니 곧 아이가 태어났으니까요. 하지만 이 여인은 간절히 원하고 노력했지만 아이를 얻지 못해서 시험관 아기 시술을 받기로 했습니다. 이웃 중에 시험관 아기 시술로 아이를 얻은 부부에게서 들은 적이 있는데, 이 시술 과정은 끔찍하게 고통스럽습니다. 이 여인에게는 특히 더 큰 어려움이 많았습니다. 그래서 여러 번의 시도와 실패를 거듭했지요.

시술이 진행되는 동안 임신 성공률을 높이기 위해서 자주 주사를 맞아야 합니다. 엉덩이에 주사를 맞으면 근육이 딱딱하게 굳게 되어 다음에 주사를 맞는 일이 매우 힘들어집니다. 자주 주사를 맞아야 했으므로 남편이 집에서 그 일을 대신하게 되었습니다. 엉덩이 근육이 온통 딱딱하게 굳어 있어서 주삿바늘이 번번이 튕겨 나왔습니다. 그러면 뜨거운 물에 적신 수건으로 근육을 마사지하여 풀어준 후 다시 주사를 놓았습니다. 그렇게 해도 주삿바늘이 튕겨 나올 때가 잦았답니다. 이렇게 주사를 자주 맞다 보면 엉덩이가 온통 주삿바늘 자국으로 시꺼멓게 변해버려서 더는 주사 놓을 곳을 찾기 어렵습니다. 제 누이가 어렸을 때 폐렴을 앓아 몇 달 동안 큰 병원에 입원한 적이 있습니다. 집에 돌아온 누이의 손목을 보고 놀란 심장의 두근거림이 지금도 생생합니다. 앙상하게 마른 손목이 주삿바늘 자국으로 온통 검게 변했으니까요.

주삿바늘이 튕겨 나올 때 얼마나 아팠을까요? 그 아픔에 못 이겨, 좀 제대로 하라고 남편에게 소리 지를 때도 있었을 것입니다. 뜨거운 수건으로 연신 근육을 풀어주고 또 주사를 놓아야 했던 남편의 눈에는 눈물이 흐르지 않았을까요? 수없이 많이 주사를 놓았지만 손은 여전히 떨렸을 것입니다. 생각해보면 엉덩이는 꽤 넓은 부위입니다. 그런데 더는 주사를 놓을 곳을 찾기 어려울 정도였다니, 도대체 얼마나 많은 주사를 맞았던 걸까요?

이 여인은 너무 힘들어서 그만두려 했습니다. "욕심이야. 우리에게 아이가 없다고 생각하고 살자." 의사에게 이제 그만두겠다고 이야기했습니다. 그러자 그 의사는 위로하고 격려했습니다. 그리고 이렇게 말했습니다.

"포기하지 않으면 반드시 아이를 얻을 수 있습니다."

의사는 반드시 아이를 얻는다고 이야기했습니다. 그 이야기에 힘을 얻은 여인은 포기하지 않았고, 결국에는 정말 예쁜 딸아이를 얻었습니다.

우리는 위로와 격려가 필요합니다. 포기하지 말라고 응원해줍시다. 우리가 당신의 아픔을 알고 있다고 알려줍시다. 얼마나 고생이 많은지 알고 있는 눈빛을 보내고 따뜻한 온기의 손을 건네면 큰 힘이 되지 않을까요? 포기하지 마세요. 그러면 반드시 당신은 원하는 것을 이룰 수 있습니다.

용기

　　　　　　　의사결정을 앞두고 고민하고 있는 사람의 모습을 상상해보세요. 창문 너머로 물끄러미 도심의 빌딩 숲을 바라보면서 커피 한 잔을 들고 있는 중년의 모습이 그려지기도 합니다. 퇴근을 앞두고 갑자기 누군가에게 전화를 걸어 "시간 있니?" 하고 소주 한 잔을 청하는 회사원의 모습도 생각나고요. 저는 이렇게 '어떤 결정을 내려야 하나' 고민하는 모습이 아름다워 보입니다. 자신에게 존재하는 최선의 힘을 발휘하기 위해서 노력하고 있는 순간이기 때문입니다. 마치 시합을 앞둔 운동선수가 긴장을 다스리기 위해 자신에게 용기를 주는 말을 마음속으로 되뇌는 것처럼 보이기도 합니다.

　앞서 어느 장에서 제가 큰 프로젝트를 앞두고 있다고 이야기하면서, 목표를 이루기 위해서는 그것을 달성한 모습을 선명하게 그려보라는 말씀을 드렸습니다. 지금 이 글을 쓰는 시기는 그때보다 시간이 훌쩍 지나서 제게 큰 도전이었던 그 프로젝트도 끝났습니다. 솔직하게 고백하자면, 제 도전은 중단되어 실패하고 말았습니다. 실패한 원인에는 여러 가지가 있겠지만 무엇보다 절실함이 부족했기 때문입니다. 그래서 중도에 포기하고 말았지요. 그렇지만 저는 곧 재도전하기로 마음먹었습니다. 저는 바로 지난주까지도 매일 저 자신과 싸워야 했습니다.

　'꼭 그걸 안 해도 먹고사는 데는 아무 문제 없잖아. 그런데 왜 그걸 해야 하는 거지?'

이 같은 핑계를 이겨내는 일을 매일 했지요. 이번에는 포기하지 않았고 그래서 결국 성공했습니다.

객관적인 데이터로만 제 프로젝트를 보면 성공했다고 말하기 어렵습니다. 투자한 돈과 시간에 비하면 얻은 결과가 너무도 초라하니까요. 삼류 복서였던 록키가 세계 챔피언 아폴로 크리드와 세계 챔피언 타이틀을 건 시합을 앞두고 아내에게 한 말이 생각납니다. 그는 자신의 목표가 "시합에서 이기는 것이 아니다. 중도에 포기하지 않고 15라운드 끝까지 버티는 것이다"라고 했습니다. 만일 그것을 해낸다면 자신의 인생에서 최초로 무엇인가를 이루어낸 순간이 될 것이라고 말했지요. 눈물이 날 만큼 감동적인 장면이었습니다. 그리고 그는 비록 시합에서는 졌지만, 15라운드 종이 울리는 순간까지 위대한 전투를 벌였고 모든 사람의 인생에 소중한 교훈을 남겼습니다.

제가 록키와 같은 대단한 싸움을 한 것은 아니지만, 저의 목표 역시 결과에 상관없이 끝까지 가보는 것이었습니다. 투자한 것을 모두 날려도 좋다. 세상 사람의 조롱거리가 되어도 좋다. 누군가로부터 실망했다는 가슴 아픈 말을 들어도 좋다. 나는 무조건 끝까지 간다. 실패해도 내가 책임지면 되는 것이고 윤리적으로 나쁜 일도 아니며 다른 사람을 비열하게 이용하는 일도 아니니 무엇이 두려우랴. 이것은 나와의 싸움일 뿐이라고 자신에게 수없이 말했습니다. 그래서 결국 끝까지 가보았습니다. 그것이 지난주에 마무리된 프로젝트에서 제가 이룬 성공입니다.

산을 오르는 이들은 산의 정상에서 바라보는 세상의 풍경이 다르다고 말합니다. 이것이 무엇을 의미하는지 조금 배운 것 같습니다. 경제적 측면에서 보면 실패했지만 제가 몰라보게 성장했음을 느낍니다.

글로벌기업에서는 미래의 경영자를 육성하기 위해서 핵심 인재에게 어려운 과업을 부여하고 수행하게 한다고 합니다. 가장 효과적인 트레이닝 방법이지요. 그렇게 생각하니 제가 부담한 경제적 실패는 상대적으로 저렴한 리더십 프로그램 수강료에 지나지 않았다는 생각이 듭니다. 또한 포기하지 않는 이상 실패는 없다는 말도 새삼 중요하게 다가옵니다.

새로운 도전을 앞에 두고 있는 모든 이에게 말합니다. 감당해야 할 부담을 계산해보세요. 실패했을 때 지급해야 할 비용이 얼마인가요? 모 아니면 도와 같은 도박이 아니라면 용기 있게 나아가세요! 세상은 당신을 시험하고 있습니다. '정말 끝까지 갈 사람일까? 아니면 중간에 포기할 사람일까?' 하고 말이지요. 당신이 끝까지 가는 사람이라는 신뢰가 생기면 세상은 당신을 돕기 위해서 움직일 것입니다.

2부

전문성

탁월한 식견과 경험으로 성과를 내는 프로세스를 만들 수 있는가

당신이라는 브랜드가 인기 상한가를 칠 그날까지, 파이팅!

4장

전문가의 조건

퍼스널 브랜딩

현재 다니고 있는 직장을 어떤 이유로 그만두게 되었다고 가정해보겠습니다. 당신이 전에 다니던 회사에서 받았던 처우보다 나쁘지 않은 조건으로 다시 직장을 구할 가능성이 얼마나 되나요? 리더십을 강의할 때 가끔 수강생에게 던지는 질문입니다. 어떤 사람은 지금 당장 직장을 떠난다는 가정만으로도 암울해진다고 했고, 어떤 사람은 곧 새로운 직장을 구할 수 있다며 자신감을 보이기도 했습니다. 이 질문은 자신의 전문성을 평가하기에 좋은 질문입니다. 전문성이 있다면 문제해결 능력을 갖추고 있다는 것이며, 그 말은 곧 시장성이 있다는 의미입니다.

피터 드러커 교수는 처음으로 '지식근로자'라는 개념을 이야기했습니다. 오늘날 직장인 대부분은 지식근로자로 분류됩니다. 드러커는 화이트칼라로 대변되는 사무직을 염두에 두고 지식근로자라는 말을 사용한 게 아닙니다. 그는 생산수단을 자신이 소유하고 있는 사람을 지식근로자라고 보았습니다. 지식근로자는 시장이 원하는 효용을 창출하는 데 필요한 생산수단을 스스로 보유하고 있으므로, 협상력이 있고 그 결과 더 많은 자유로운 결정과 경제적 보상을 보장받을 수 있습니다.

지식근로자는 자신을 "어느 회사에서 근무하고 있다"고 소개하기보다는 "무슨 일을 하고 있다"고 소개합니다. 드러커 교수의 표현을 빌자면 사회적 만남에서 서로 명함을 교환하며 인사할 때 "반갑습니다. 저는 마이크로소프트에 다니고 있습니다"라고 말하기보다는 "안녕하세요, 저는 소프트웨어 디자인 일을 하고 있습니다"라고 말한다는 것이죠. 이것이 가능해진 이유는 오늘날의 중요한 생산수단이 지식이기 때문입니다. 피고용인에서 지식근로자로의 성장은 대단히 큰 가치가 있습니다. 저는 '퍼스널 브랜딩Personal Branding'이라는 개념이 직장인에게 중요한 의미로 다가오는 시대에, 그 의미를 지식근로자의 관점에서 재해석해서 이야기하고자 합니다.

평범한 직장인이 자신의 가치를 브랜드화하여 지식근로자로 변화하려면 2가지 조건을 갖추어야 합니다. 단지 2가지 조건입니다. 첫째는 사람들이 원하는 가치를 창출할 수 있는 전문 지식을 갖추어야 합니다.

이미 우리는 문제를 해결하고, 어떤 목표를 달성하며, 새로운 가치를 창출하는 데 필요한 상당한 수준의 지식을 가지고 있습니다. 다만 그 지식의 완성도를 높이는 일이 필요합니다. 집에서 우리 가족이 사용할 용도로 무엇을 만들다가 그것을 시장에 내다 팔려고 할 때, 좀 더 신경 써야 하는 것과 비슷한 의미이지요. 우리가 가지고 있는 지식의 상품성을 높이는 일은 자신의 일을 고객 관점에서 바라볼 때 비로소 시작됩니다. 고객이 필요로 하는 가치를 제공해주는 지식이야말로 의미가 있기 때문입니다.

저에게는 15년 가까이 잡지사 기자로 또는 출판사 편집자로 일한 친구가 있습니다. 상당 기간은 편집부장으로서 일했지요. 그 경험을 살려서 그는 '책 쓰기 코치'라고 말할 수 있는 새로운 일을 시작했습니다. 정말 많은 사람이 삶의 비전 중 하나로 한 권의 책을 쓰려는 목표를 세웁니다. 혹시 이 글을 읽고 있는 당신도 그렇지 않나요? 제 친구는 그런 비전을 가진 사람들을 돕는 것을 자신의 비전으로 받아들였습니다. 15년 가까이 글을 쓰면서 살았고 남의 글을 교정했습니다. 또 어떠한 개념이 잉태되고 그것이 한 권의 책으로 만들어져서 독자의 손에 전달되는 창조적인 과정을 수없이 반복했기에, 그는 나름 준비된 사람입니다.

하지만 제 친구는 매우 현명한 사람이어서 본인이 준비되어 있다고 생각하지 않았습니다. 편집부장으로서 했던 일과 책 쓰기 코치는 비슷하면서도 다른 일입니다. 실전 경험 없이는 완벽하게 준비할 수 없습니다. 그는 요즘 매우 저렴한 수고비를 받으면서 책 쓰기 코치 일을 하고 있습니다. 고객이 원하는 것이 무엇이고 그들을 어떻게 도와야 하는지를 배우기 위해서입니다. 이처럼 자신이 직장에서 급여를 받으며 일상 하던 일을 누군가의 문제를 해결하거나 목표 달성을 도와주는 구체적인 솔루션 관점에서 재해석하고 다듬어보는 것은 당신의 전문성을 향상시키는 첫걸음입니다.

두 번째 조건은 흔히 우리가 간과하기도 하고 싫어하기도 하는 것입니다. 당신의 고객 네트워크를 관리하는 것, 즉 한마디로 영업입니다. 생산수단을 소유하고 있다고 해서 무조건 훌륭한 기업으로 자라는 게 아닙니다. 생산수단을 매출과 이익으로 연결할 수 있는 영업 능력이 필요합니다. 당신이 아무리 훌륭한 지식을 가지고 있어도 당신을 찾는 사람이 없다면 무슨 소용이 있겠습니까? 우리는 탁월한 상품을 가지고 있으면 사람들이 우리를 찾아서 줄을 서리라고 생각합니다. 천만에요. 그 상품을 당신만이 제공할 수 있을 정도로 특별한 경우에만 그런 일이 벌어집니다. 보통 세상은 당신이 누구인지 잘 모를뿐더러, 비슷한 상품을 제공하는 경쟁자가 정말 셀 수 없을 정도로 많습니다.

무엇을 팔려고 노력하는 행위가 영업입니다. 여기에는 살 사람은 관심도 없는데 억지로라도 사게 해야 한다는 은근한 암시가 내포되어 있습니다. 그렇지만 억지로 사게 하는 것은 진정한 영업이 아닙니다. 영업은 사람들이 무엇을 원하는지 생각하는 것이고, 당신을 위해서 내가 무엇을 할 수 있는지 솔직하게 이야기하는 것입니다. 그 과정을 통해 신뢰를 쌓으면 시장은 당신이 진심으로 묻는 "제가 무엇을 도와드릴까요?"라는 질문에 반응하기 시작합니다. 전문가는 자신이 존재하는 이유인 세상과 관계를 만들어갑니다. 자유인이 되는 진정한 길은 영업을 배움으로써 완성됩니다.

프랑스 인시아드 경영대학원의 마크 헌터Mark Hunter 교수는 사업의 어려운 전환기를 성공적으로 극복해낸 경영자들을 연구한 결과, 그들의 성공 요인을 인간관계에서 찾았습니다. 헌터 교수는 그들의 인간관계를 3가지 차원으로 묘사했습니다. 첫째는 업무적 관계입니다. 직장 내에서 일과 관련해 맺고 있는 관계를 의미합니다. 둘째는 전략적 관계입니다. 직장을 넘어서서 폭넓게 형성하고 있는 사회적 관계를 의미합니다. 어떤 필요에 따라 다양한 영역의 사람들과 친분을 쌓은 것이지요. 셋째는 개인적 관계입니다. 자연스럽게 맺은 관계로서 가족 혹은 학교 친구들을 의미합니다. 사업이 어려워졌을 때 성공적으로 극복한 경영자들은 이 3가지 차원의 인간관계를 성실하고 지혜롭게 관리했습니다. 당연히 신뢰도가 높은 관계가 그들에게 큰 힘이 되었을 것입니다.

내가 누군가에게 필요한 존재일 때 우리는 큰 행복을 느낍니다. 우리의 존재 가치를 느끼기 때문이지요. 세상에는 해결되기를 기다리는 수많은 문제가 있습니다. 당신은 어떤 문제에 해결책을 내놓을 수 있는 사람입니까? 이미 당신은 그 지식을 가지고 있습니다. 그것을 내다 팔

수 있는 수준으로 정교하고 세련되게 완성해보세요.

데일 카네기는 가만히 앉아 3년을 보내면서 친구를 사귀는 것보다 먼저 다가가 인사를 나누며 3개월을 보내면 훨씬 많은 친구를 사귈 수 있다고 했습니다. 당신에게 기쁨이 되는 관계를 풍성하게 가꾸려면 오늘 당장 주변에 있는 사람들에게 순수한 관심을 보여주세요. 환한 미소와 함께 인사를 건네며, "제가 도와드릴 일은 없습니까?" 하고 물어보세요.

당신이라는 브랜드가 인기 상한가를 칠 그날까지, 파이팅!

가치 창출

마케팅 원론에는 마케팅 전략 수립의 근간이 되는 4P에 대한 정의가 자세하게 설명되어 있습니다. 4P는 제품Product, 가격Price, 유통 경로Place, 판매 촉진Promotion을 말합니다. 그중 제품에 대한 정의를 읽다가 신선한 충격을 받았던 기억이 났습니다. 그래서 오래전에 공부했던 그 책을 다시 찾아서 제품에 대한 정의를 옮겨봅니다.

"A product is everything, both tangible and intangible, that one receives in an exchange, including functional, social, and psychological utilities or benefits. A product can be an idea, a service, a good, or any combination of these three."

이 정의에 의하면 제품은 한마디로 효용을 띤 모든 것입니다. 우리에게 효용이 있어서 기꺼이 교환하고자 하는 모든 것이 상품이라는 관점은 저의 눈을 열어주었습니다. 이전의 저는 무의식적으로 눈에 보이고 만질 수 있는 물적 실체만 상품이라고 생각했던 것 같습니다. 그렇다면 어떤 상품이 좋은 상품일까요? 많은 사람이 찾는 인기 있는 상품이 좋은 상품일 것입니다. 기술적인 우수성, 세련된 디자인, 편리한 기능성 등이 우수한 상품을 구별하는 기준이 될 수도 있겠으나, 사려는 사람이 아무도 없다면 좋은 상품이 아닙니다. 최첨단 과학이 접목되었으며 세계 유명 디자이너의 영감이 들어 있다 한들 무슨 소용이 있겠습니까? 사람이 기꺼이 구매하려고 하는 것이 좋은 상품입니다. 물론 앞서 말한 조건을 충족하는 상품들이 주로 사람들의 마음을 사로잡겠지요. 핵심은 상품이라면 반드시 사람들이 교환하고자 하는 가치를 담고 있어야 한다는 것입니다.

사업적 측면으로 확대해서 생각해볼까요? 피터 드러커 교수의 유명하고도 지혜로운 질문이 있습니다. 그는 많은 경영자에게 "당신은 어떤 비즈니스에 종사하고 있습니까?"라고 물었습니다. 상식적이고 단순해 보이는 이 질문은 경영자들이 자신의 비즈니스를 본질적인 측면에서 새롭게 바라보도록 자극했습니다. 나의 고객은 누구이며, 그들이 원하는 것은 무엇이며, 우리는 어떤 가치를 창출해야 하는가를 통찰력 있게 생각하여 자신의 비즈니스를 새롭게 정의하고 변화시켜나가도록 자극한 것이지요.

오늘날은 참 복잡해서 우리가 하는 일의 본질을 명확히 규정하기가 어렵습니다. 비즈니스의 영역이 붕괴하고 통합되면서 경영자가 전혀 새로운 관점에서 바라보지 않으면 큰 어려움에 직면하는 기업도 많습니다. 하지만 항상 "우리는 무슨 일을 하는 사람인가?", "우리의 고객은 누구인가?", "그들은 무엇을 기대하는가?"라고 질문하고 그 대답을 찾으려고 노력하는 기업과 개인은 늘 우리의 기대를 넘어서는 결과를 만들어냅니다.

이 같은 원리는 우리가 하는 업무에도 적용됩니다. 일을 잘하는 사람은 자신이 하는 일을 상품으로 인식하고 있습니다. 상품은 누군가가 구매해야 그 존재 가치가 있습니다. 마찬가지로 우리가 하는 일도 그렇습니다. 일을 잘하는 사람은 자신이 어떤 효용과 가치를 창출해야 하는지를 잘 알고 있습니다. 달리 말하면 사람들이 무엇을 기꺼이 사려고 하는지를 알고 있다는 것입니다. 그리고 그것을 어떻게 만들어야 하는지, 올바르고 창의적인 관점에서 접근합니다.

저는 강의하는 사람입니다. 그래서 강의를 업으로 삼고 있는 사람들이 주로 저의 동료이자 친구입니다. 강의를 잘하는 사람들은 강의할 콘텐츠에 집착하기보다는 강의를 의뢰한 고객이 무엇을 기대하는지를 정확히 알려고 노력합니다. 그들은 자신의 강의안을 자랑하기보다는 이번 교육을 통해서 고객이 달성하고자 하는 목표가 무엇인지를 분명히 이해하고 그것을 이루기 위해 모든 창의적인 노력을 기울입니다.

저의 동료들이 최근 독일계 자동차 기업의 딜러들을 모시고 고객 서비스를 다룬 강의를 진행했습니다. 이 기업은 딜러들이 각 사업소에서 감동의 고객 서비스를 제공할 수 있도록 리더십을 발휘해주기를 기대하고 교육을 의뢰했습니다. 따라서 이번 교육의 핵심은 '고객 서비스 프로세스를 가동하는 리더십은 과연 무엇인가?'였습니다. 한 명의 강사는 그 요구를 정확히 파악해 강의를 진행했습니다. 다른 한 명의 강사는 자신의 리더십 콘텐츠를 화려하게 펼쳐 보이는 데 초점을 맞추었습니다. 누가 더 좋은 호응을 얻었을까요? 결과는 여러분이 예상하는 그대로였습니다.

저는 어떤 가치를 창출했느냐는 관점에서 업무를 관리하려고 노력하고 있습니다. 아침에 출근하면 오늘 해야 할 일의 목록을 정한 다음에 일합니다. 그리고 퇴근할 무렵에는 오늘 내가 창출한 가치가 무엇인지 적어보는 시간을 가집니다. 늘 그렇듯이 근무시간 대부분을 바쁘게 보냅니다. 무슨 일이 그렇게 많은지, 잠깐의 여유를 갖기조차 어려운 날이 있습니다. 그런 날에도 퇴근을 앞두고 오늘 내가 한 일을 결과와 가치, 효용 측면에서 적어봅니다. 그러다 당황스러움을 느꼈던 적이 있습니다. 오늘 내가 한 일이 없다는 것을 깨달았기 때문입니다. 부끄럽게도, 나는 무척 바쁘게 움직였지만 정작 창출한 가치가 없었습니다.

일의 양이 아닌 가치와 효용에 초점을 맞추시기 바랍니다.

고객 서비스

오늘날 비즈니스의 핵심은 서비스입니다. 무너져 가던 거대한 공룡 IBM이 강력한 경쟁력을 새롭게 갖추게 된 것 역시 서비스 조직으로 다시 태어남으로써 이루어졌습니다. 고객 서비스의 중요성을 새삼스레 강조할 필요는 없습니다. 우리는 그 핵심이 무엇인가에 관심이 있습니다. 핵심은 3가지로 말할 수 있습니다. 첫째는 고객의 기쁨과 유익에 순수한 관심을 두는 것입니다. 둘째는 고객을 도울 수 있는 전문성을 갖추는 것입니다. 셋째는 고객 가치를 실현하기 위해서 설계된 프로세스를 성실하게 준수하는 것입니다.

얼마 전, 지자체에서 투자 유치를 위한 홍보와 세일즈 업무를 담당한 공무원들을 모시고 효과적인 프레젠테이션 기법에 관해 짧은 강연을 했습니다. 강연을 의뢰받고 준비하는 과정에서 당연히 담당자와 여러 차례 의사소통하게 됩니다. 그런데 이번 담당자는 좀 걱정이 많아 보였습니다. 이야기를 들어보니, 그는 작년에도 비슷한 행사를 진행한 적이 있는데 연사로 모신 분이 아주 지루하게 이론적인 이야기만 늘어놓았다고 합니다. 그래서 교육에 대한 피드백이 좋지 않았고, 상사에게서도 약간의 질책을 받았다는 것입니다. 그제야 저는 그 담당자의 지나친 염려를 이해할 수 있었습니다.

강연을 시작하면서 청중에게 교육 담당자가 여러분의 기쁨과 유익을 위해서 걱정을 많이 했다는 말을 했습니다. 덧붙여 우리가 이번 교육에서 무엇인가 유익한 것을 배우고, 즐거운 경험을 하고 돌아가길 바래서 누군가가 염려하고 고생했다는 것을 알면 기분이 좋아지지 않느냐고 질문했습니다. 청중은 저의 이야기와 질문에 모두 공감을 표시했고 담당자에게 박수를 보냈습니다. 박수 소리가 잦아들 때쯤, 지금부터 이번 교육을 준비하느라 애쓴 담당자의 수고에 보답하기 위해서 기분 좋게 열심히 학습에 임하여 의미 있는 시간을 만들자고 독려했습니다.

위에서 소개한 교육 담당자의 걱정과 염려는 전문가의 업무 수행 방식으로서의 고객 서비스에 관한 첫 번째 조건을 잘 표현하고 있습니다. 고객이 가치 있는 경험을 하길 바라는 마음을 가진 것은 아주 훌륭한 태도입니다.

주니어 컨설턴트로서 어떤 기업의 조직개발 프로젝트로 바쁘게 일하던 때의 일입니다. 제게는 늘 떠나지 않는 고민이 있었습니다. 내가 하는 모든 일이 정말로 도움이 되는 것일까 하는 염려였지요. 이 걱정이 지나치게 많아서 그 기업의 부서장에게 솔직하게 물어보았습니다.

"제가 하는 일이 정말 도움이 되고 있나요?"

그는 무형의 가치를 창조하는 컨설턴트는 그 결과를 측정하기 어렵기에 구체적으로 어떤 가치를 창조했는가는 자신에게 질문하는 자세가 필요하다고 했습니다. 덧붙여 그러한 고민은 컨설턴트로서 정당하다고 평가해주었습니다.

최근에 대출 만기가 되어 은행을 방문했습니다. 요즘은 대부분 이뱅

킹E-banking으로 은행 일을 하므로 은행을 방문할 일이 별로 없습니다. 가더라도 현금지급기ATM에서 현금을 찾는 정도가 대부분이지요. 대출 연장에 관련된 서류를 준비해서 방문한 지점은 실내장식이 매우 고급스러웠으며 손님이 많지 않아 차분하고 조용했습니다.

지점에 들어선 저는 해당 업무를 하는 부서를 찾아서 대기표를 뽑고 은행원이 일하는 모습을 지켜보며 서 있었습니다. 그러고는 누군가가 나에게 첫말을 건네기까지 시간이 얼마나 걸리는지 재어보았습니다. 15분이 흐른 뒤에 지나가던 직원이 서 있는 저에게 인사하며 어떻게 오셨느냐고 물었습니다. 제 대답이 끝나자 앉아서 기다리라며 요구르트에 빨대를 꽂아서 권했습니다. 얼마를 더 기다리다가 드디어 제 번호가 전광판에 나타났습니다. 대출 담당자는 조금 전 상담 고객의 서류를 정리하면서 앉은 채로 "무엇을 도와드릴까요?"라고 인사했습니다. 저는 그 자리에 앉아 대출 연장 서류를 작성하고 일어섰습니다. 그러다 시험 삼아, 매년 대출을 연장하고 있는데 꼭 이렇게 은행을 방문해야 할 이유가 있는지를 물었습니다. 다른 사람들은 자동으로 연장된다고 하더라는 말을 곁들여서요. 직원은 불편을 끼쳐 죄송하다면서 자동 연장이 되는 상품이 있지만, 저처럼 매년 연장 신청을 하면 금리 인하 혜택을 볼 수 있다고 설명했습니다. 그 대답이 제겐 만족스러웠습니다. 하지만 일어나서 나가는 동안, 즉 제가 그 지점에 30분 정도 머무르는 동안 신규 상품 등 추가 판매와 관련된 어떠한 정보도 받지 못했습니다.

고객 서비스의 3가지 조건을 가지고 분석해보기 위해서 은행 방문 경험을 장황하게 소개했습니다. 매장을 방문한 고객이 즐거운 경험을 하고 가치 있는 시간을 보내고 돌아가게 하겠다는 마음가짐 면에서 보면 좀 아쉽습니다. 제가 지점을 들어선 지 15분 후에야 첫 인사를 건넸지요. 앞서서 인사하긴 했지만 이전 고객의 서류를 다급히 정리하는 손길에서는 일 처리에 집중하고 있는 직원의 모습을 엿볼 수 있었습니다. 업무 처리 실력 면에서는 좋은 점수를 줄 만합니다. 또 제가 시스템이 불편하다고 불평했을 때 방어적인 답변을 하지 않고, 시스템의 장점을 강조함으로써 문제를 해결한 것도 마음에 들었습니다.

　오늘 당신이 하는 일을 서비스의 관점에서 바라보고 3가지 사항, 즉 고객을 돕고자 하는 순수한 관심, 문제를 해결할 수 있는 고도화된 전문 지식, 일정 수준의 품질을 보장하는 잘 설계된 프로세스의 측면에서 평가해보시기 바랍니다. 완벽한 서비스를 제공하는 것은 전문가의 본질이요 나아가 삶의 기쁨이 됩니다.

5장

경영하는 법을 배워라

계획과 평가

배우 김명민이 주연한 드라마 〈불멸의 이순신〉을 보면서 저는 이순신 장군과 원균 장군에 대한 생각에 큰 변화를 겪었습니다. 그동안은 이순신 장군을 상상했을 때 싸움에서 한 번도 패한 적이 없는 카리스마 있는 대장군 이미지가 떠올랐고, 원균을 상상했을 때는 졸렬하고 기회주의적이며 아첨을 잘하는 소인배 이미지가 떠올랐습니다. 하지만 드라마에서 보니 원균은 그 개인의 매력과 능력이 아주 화려했고, 이순신 장군은 오히려 수수하다 할 정도였습니다. 원균은 소위 잘난 인물이었고 매사에 자신만만했습니다. 이순신 장군은 매사에 철저히 준비하는 성격으로, 확신이 서질 않으면 움직이지 않는 소심한 면을 보였습니다. 하지만 그 철저함을 바탕으로 무모할 정도로 불리한 전투에서도 승리를 거두는 전략의 신이었습니다.

　탁월한 전략, 즉 계획을 수립하는 능력은 1에 또다시 1을 더했을 때 2를 넘어서서 3과 4, 또는 10의 결과를 가져오는 것도 가능하게 합니다. 전략의 수립과 실행은 어떻게 하는 것일까요? 사실 매우 복잡해 보이고 어렵게 느껴집니다. 어렵기에 그것을 책임지는 경영자들이 더 많은 보상을 받는 게 아닐까요? 하지만 전략은 생각보다 단순합니다.

　경영전략의 대가 리처드 루멜트Richard P. Rumelt는 그의 저서 《전략의 적은 전략이다Good Strategy Bad Strategy》에서 전략이란 시장에서 무엇이 통할지에 대한 가설을 세우는 것이라고 했습니다. 즉, 가설을 기반으로 계획하고 실행하며 평가하는 것입니다. 막연한 추측이 아니라 시장의 움직임에 대한 정확한 정보를 토대로 냉정하게 진단해서 대응 방침을 만드는 것입니다. Plan-Do-See(계획, 실행, 평가)라고 들어보셨지요? 오래되었다고 해서 가벼이 여길 이론이 아닙니다. 천 년 전의 경영에서도 전략의 수립과 실행은 이 3가지 활동으로 이루어져 있었고, 놀라운 지식의 변화를 경험하는 오늘날도 마찬가지이며, 아마 천 년 후에도 그러할 것입니다. 우리의 지식이 발달해서 계획하고 실행하고 평가하는 방법이야 많이 달라지겠으나 그 핵심은 변하지 않을 것입니다.

　원균은 실행력이 대단한 사람이었습니다. 실행력은 매우 중요한 요소지만 준비 없는 실행은 무모한 결과를 가져옵니다. 선조는 부산항에

주둔하고 있는 일본의 주력 함대를 공격해서 일본군의 북상에 타격을 주라고 명령을 내립니다. 그러나 이순신 장군은 번번이 그 공격 명령을 외면했지요. 그 작전은 철저한 준비 없이는 성공하기 어려울 만큼 무모했으니까요. 반면 원균은 그 용맹함으로 모든 함대를 동원하여 부산항을 공격했으며, 결국 철저한 패배를 맛보았습니다.

경영을 잘하는 첫 번째 열쇠는 계획 수립에 있습니다. 물론 저는 책상에 앉아 계획 수립에만 집중하고 실행은 주저하는 무기력한 사람이 되라는 게 아닙니다. 노력에 비해 결과가 아쉬운 사람의 경우를 보면 대개가 정돈이 안 된 채로 일을 진행하고 있는 경우가 많습니다. 일을 시작하기 전에 차분히 계획하려는 노력이 부족한 것이지요.

계획을 구상하는 일은 어렵습니다. 미래에 관한 것이기 때문입니다. 매력도 없어 보입니다. 열심히 일했어도 사실상 아무런 결과가 없는 허무한 행동처럼 보이기 때문입니다. 1박 2일의 시간을 내어 팀 전체가 내년을 위한 전략 수립 워크숍을 떠났다고 가정해봅시다. 1박 2일 동안 매출은 감소했을 것이고 진행된 일은 아무것도 없어 보입니다. 이런 어려움, 즉 알 수 없는 미래에 관한 막연함과 성과 없는 비용 같은 느낌은 계획이라는 활동에 시간과 노력을 들이기를 방해합니다.

모든 계획은 열렬한 욕구를 창출하는 데 초점을 맞춰야 합니다. 실패하는 계획은 역할과 일을 배분하여 책임 소재를 분명히 하는 과정을 중시하는 경향이 있습니다. 계획의 본질은 공격의 목표를 정확하게 선정하고 그것을 성취하기 위한 정보를 수집하는 데 있습니다. 무엇을 이루고자 하는지, 그것이 과연 올바른 것인지를 결정하는 것이 계획의 핵심입니다. 활동 계획도 중요하지만 그보다 선행되어야 할 것은 이루고자 하는 대상을 선명하게 그려보는 작업입니다. 이러한 계획은 실행을 위한 올바른 방향을 설정해주며 무엇보다도 강렬한 열망을 만들어냅니다.

경영을 잘하는 또 하나의 열쇠는 평가에 있습니다. 평가 역시 어려운 일이어서 별로 환영받지 못합니다. 평가받는 것을 좋아하는 사람은 별로 없습니다. 누군가가, 특히 상급자가 당신의 행동과 성과를 평가한다고 하면 얼마나 긴장되겠습니까? 평가 역시 직접적인 성과가 없는 낭비적인 활동으로 보이므로 매력이 없습니다. 예를 들어 종일 가게를 운영하면 돈을 벌지만, 결산하고 평가하는 시간을 가진다고 해서 매상이 오르지는 않습니다.

평가의 본질은 상벌을 주는 데 있지 않습니다. 물론 상벌은 중요한 동기부여 요인입니다. 하지만 고과에 초점을 맞추는 평가는 열렬한 욕구를 일으키기보다는 갈등을 불러일으키는 경우가 많습니다. 평가는 학습을 위한 시간입니다. 경험으로 무엇을 배웠는지를 알아보려고 노력하지 않으면 발전은 더디게 이루어집니다.

오늘 하루를 계획하는 시간을 가져보세요. 무엇을 기대하는가에 초점을 맞추어서 원하는 것을 명확히 해보세요. 그다음에 어떻게 할 것인지를 적어보세요. 저녁에는 잠시 평가하는 시간을 가져보세요. 무엇을 배웠는지 자신에게 물어보세요. 이 과정을 반복하면 당신은 반드시 원하는 바를 이룰 수 있습니다.

도전

게임은 중독성이 강하다고 합니다. 제가 게임에 문외한이어서 직접 경험해보질 못했기에 확신할 순 없지만, 게임을 좋아하는 사람들이 밤을 새워 게임에 몰두하는 모습을 보면 중독성이 강해 보이기는 합니다. 그런데 왜 게임은 이렇듯 한번 시작하면 피곤한 줄 모르고 몇 시간이고 빠져드는 것일까요? 저는 그 이유를 게임을 개발하고 서비스하는 회사의 팀장에게 물어보았습니다. 그저 재미있는 대화를 해볼 요량으로 별생각 없이 질문을 던졌는데 그에게서 잊지 못할 중요한 가르침을 얻었습니다.

그가 말하길, 게임을 시작하면 멈추기 어려운 이유는 성취의 경험 때문이라고 합니다. 게임은 그것에 참여한 사람이 계속해서 성공을 경험할 수 있도록 주의 깊게 설계되어 있다는 것입니다. 도전과 성공 또는 도전과 실패 그리고 재도전, 드디어 성공! 그저 말만 했을 뿐인데도 짜릿함이 느껴지지 않습니까? 도전의 난도難度가 너무 높으면 의욕이 반감되며 반대로 너무 낮으면 성공의 기쁨을 느낄 수 없을 만큼 시시하므로 난이도의 조절이 중요하다고 했습니다. 그와의 대화 이후 저는 게임 회사를 보는 눈이 달라졌습니다. 사람을 움직이는 그 간결한 지혜에 놀랐기 때문입니다.

  이 지혜는 우리의 일상생활에도 적용할 수 있습니다. 도전의 난이도 측면에서 생각해보면 우리는 현실에서 게임과는 정반대의 경험과 인식을 가지고 있는 듯합니다. 게임에서 만나는 도전은 충분히 해볼 수 있다는 승부욕을 자극합니다. 하지만 삶에서 경험하는 도전들은 대부분 너무도 엄청난 것이고, 나의 의지와는 상관없이 움직이는 것들로 보입니다. 그래서 싸움을 시작하기도 전에 전의를 상실하는 경우가 많습니다. 데일 카네기는 이를 "모든 인간이 삶에 대해 가지고 있는 두려움"이라고 표현했습니다. 에이브러햄 매슬로Abraham H. Maslow는 "위대해질 수 있다는 것에 대한 두려움"이라고 말했지요.

  그 반대로 도전의 난도가 너무 낮아서 성공의 짜릿함을 느끼지 못하는 경우도 많습니다. 매일 반복되는 듯한 생활은 우리를 지치게 합니다. 매일 아침 출근길에 마주친 사람들은 힘없고 시든 듯한 표정을 짓고 있지요. 그 빽빽한 지하철에서 만나는 사람들의 표정은 분명 스키장의 리프트 앞에 길게 늘어선 사람들의 표정과는 다릅니다. 사무실에서 우리를 기다리고 있는 업무들은 재미와는 거리가 멉니다. 마지못해서 하거나 어쩔 수 없이 해야 하는 일도 많습니다. 전문 경영 컨설턴트인 켄 블랜차드Ken Blanchard는 그의 명저 《1분 경영수업The One Minute

Enterpreneur》에서 이를 볼링장에 비유해 설명했습니다. 우리의 일터는 볼링장과도 같은데, 다만 쓰러뜨려야 하는 10개의 핀 앞에 커튼이 드리워져 있어서 무엇을 넘어뜨려야 하는지 알기 어렵고 또 몇 개를 넘어뜨렸는지 피드백도 정확하지 않다고 했습니다. 그러니 당연히 볼링장의 흥분을 기대하기 어렵습니다. 확실히 사무실 분위기는 분명 게임의 그것과는 다릅니다.

저는 2가지를 이야기하고 있습니다. 하나는 승부욕을 사극하는 해볼 만한 도전이 있어야 하고, 다른 하나는 도전의 결과로 맛볼 수 있는 짜릿한 성공의 경험이 있어야 한다는 것입니다. 게임의 경험에서 얻은 교훈을 일상에 적용하는 것은 짜릿한 도전과 성공의 경험을 느껴보는 것부터입니다. 게임이 재미있는 이유는 순간순간이 성공의 경험으로 구성되어 있기 때문입니다. 그 설계의 핵심은 도전할 만한 목표와 실행 후의 즉각적인 피드백입니다. 공을 던졌지만 핀이 커튼에 가려져 있어서 요란한 소리만 나고 몇 개의 핀을 쓰러뜨렸는지 알 수 없는 볼링장을 상상하실 수 있겠습니까? 게임이 재미있는 것은 즉시 그 결과를 알 수 있기 때문입니다. 우리의 일상이 게임만큼 재미없는 이유는 즉각적인 피드백이 없기 때문일 수도 있다는 이야기지요.

일상에서 게임을 하는 듯한 재미와 짜릿한 성취의 경험을 하기 위해서 우리가 해야 할 첫 번째 일은 쓰러뜨릴 10개의 핀을 명확하게 보는 것입니다. 두 번째는 몇 개를 넘어뜨렸는지 알 수 있도록 피드백을 주고

받는 시스템을 개선하는 것입니다. 우선 자신에게 피드백을 주는 법을 배워야 합니다. 이는 자신을 평가하는 습관을 갖는 것이기도 합니다. 반드시 타인이 평가해줄 필요는 없습니다. 스스로 자신을 평가하고 그에 걸맞은 보상을 주면 타인에게 의존하는 것보다 부작용이 덜하고 더 진실할 수 있습니다.

아침에 출근해서 오늘 해야 할 일과 달성해야 할 목표를 분명하게 규정해보는 일은 생각을 맑게 합니다. 저녁 무렵 퇴근하기 전에는 점수를 매겨 스스로 한 일을 평가해봄으로써 자부심과 성취감을 높일 수 있을 것입니다. 물론 진척된 일이 별로 없어서 좌절감과 패배감을 맛볼 때도 있겠지요. 지나치게 비판하거나 평가절하하기보다는 잘한 것을 발견하고 그것을 인식하는 게 매우 중요합니다. 지금 당신이 하는 일에 대해서 긍정적으로 평가하는 법을 배워야 합니다.

오늘 무슨 일을 하실 예정인가요? 당신이 쓰러뜨려야 할 핀 10개는 무엇입니까? 분명히 바라보고 스트라이크를 날리세요. 알고 보면 일도 게임만큼이나 즐겁습니다.

목표 경영

달성해야 할 목표가 분명합니다. 작업을 수행하는 법을 잘 알고 있습니다. 그리고 기꺼이 최선을 다하고자 하는 열의로 눈이 반짝반짝 빛나고 있습니다. 당신과 당신의 팀원들이, 나아가 당신의 회사가 이 같은 분위기가 되는 것에 대해서 어떻게 생각하십니까? 그렇게 할 수 있는 비결을 배우는 데 돈과 시간을 투자할 용의가 있으신가요? 비결은 간단합니다. 짧은 5개의 질문 속에 그 비결이 있습니다.

첫째, "우리는 무슨 일을 하는 사람들인가?"

이 질문을 놓고 열띤 토론을 벌여보세요. "무슨 일을 하는 사람들인가?"라는 질문을 함으로써 존재 이유에 더욱 구체적으로 접근할 수 있습니다. 당신이 이 세상에 존재하는 이유는 무엇인가요? 자신에게 물어보세요. 그러면 자연히 그 이유를 완성하기 위해서 해야 할 일이 무엇인가를 생각하게 됩니다.

우리 팀이 존재하는 이유에 대해서, 그 답을 경험하기 위해서 해야 할 일이 무엇인지 신 나게 떠들어보세요. 당신은 이미 이 질문이 중요하다는 것을 알고 있습니다. 이 질문에 직면해본 적이 있으십니까? 적어도 일 년에 한 번쯤은 하루를 투자하여, 결론을 내리려는 부담 없이 자유롭게 이야기해보세요. 답은 이미 분명하므로 굳이 혼란스러운 토론을 벌이고 새로운 답을 찾으려고 애쓸 필요가 없으시다고요? 만일 그렇게 생각하셨다면 제 마음이 아픕니다. 느끼지 못하면 아는 것이 아닙니다. 당신은 머리로만 사랑하고 가슴으로 사랑하는 법을 모르는 사람입니다.

둘째, "내가 책임져야 할 영역은 얼마인가?"

존재의 의미를 완성하기 위해서 해야 할 일들을 몇 개의 영역으로 추상화시켜보는 것입니다. "성과 영역은 무엇인가?" 혹은 "책임 영역은 무엇인가?"라는 질문으로 표현할 수 있습니다.

출산을 앞둔 젊은 부부에 대해서 생각해볼까요. 가슴이 벅차오르겠지요. 한편으론 두렵기도 합니다. 과연 우리가 부모가 될 준비가 되어 있느냐고 물으면 자신이 없기도 하고요. 그래서 그들은 "과연 부모가 된다는 것은 무엇일까?"라고 첫 번째 질문을 했습니다. 그러자 "해야 할 일들이 뭐가 있지?"라는 생각에 다다랐지요. 부부는 의논해서 해야 할 일들을 적었는데 정말 많았습니다. 100가지도 넘는 목록이 만들어졌습니다. 너무 많아서 일목요연하게 정리할 필요를 느꼈습니다. 그래서 일의 목적이 비슷한 것끼리 묶어서 부분집합을 만들어보기로 했습니다. 그랬더니 '청결하고 따뜻한 가정환경 조성', '건강한 성장', '두뇌 발달과 학습', '충분한 뒷바라지를 위한 재정 준비', 무엇보다도 아이를 위해서 '건강한 엄마와 아빠 되기' 등으로 구분되었습니다. 이렇게 정리해보니 어지럽게만 느껴졌던 수많은 해야 할 일들이 한눈에 쏙 들어왔습니다.

셋째, "책임 영역별로 달성해야 할 목표는 무엇인가?"

당신이 상사라면 구체적인 수치를 제시하지 않길 바랍니다. "어느 정도까지 할 자신이 있나요?"라고 물어보는 것이 현명합니다. 하는 일의 성격에 따라서 수치로 분명하게 설정하기가 쉬울 때도 있고, 애매할 때도 있습니다. 이해를 돕기 위해 이제 곧 부모가 되는 젊은 부부로 돌아가 보겠습니다.

 건강한 엄마와 아빠 되기라는 책임 영역에서 분명한 목표를 세우기란 쉬운 듯하면서도 어렵습니다. 아빠가 '일주일에 3번 운동하기'라는 목표를 세웠다고 해보지요. 우리는 흔히 이렇게 목표를 세웁니다. 나쁘지는 않지만 이러한 방법은 목표 달성을 위한 창의적 행동을 방해하는 역할을 합니다. 회사를 예로 들자면, 일하는 것 자체로 잘하고 있다고 생각하는 직원과도 같습니다. 또는 일주일에 3번 회의에 참석하기를 목표로 세우는 것과도 유사하죠. 운동한다고 해서 건강한 아빠가 되는 것은 아닙니다. 운동은 건강한 아빠가 되기 위해서 해야 하는 여러 가지 일 중의 하나일 뿐입니다.

 어떤 행동을 몇 번 하겠다는 표현 방식보다 "목표 달성 여부를 무엇으로 측정할까?"를 질문하면 의미 있는 표현을 찾을 수 있습니다. 예컨대 '10킬로미터 단축 마라톤에서 50분의 기록을 세울 수 있을 정도로 건강을 단련하기'와 같은 것이 건강한 아빠 되기 분야에서 좋은 목표가 될 수 있습니다.

 넷째, "설정한 목표를 달성하기 위해서 구체적으로 무엇을 해야 할까?"

 건강한 아빠 되기에서 달성해야 할 도전적 목표인 단축 마라톤 50분

기록을 달성할 정도로 건강해지려면 해야 할 일은 무엇이냐는 질문입니다. 당신이라면 무엇을 하시겠습니까? 금연하겠다, 일주일에 적어도 3번은 30분 이상 운동을 하겠다, 꼭 아침을 먹겠다, 비타민을 꼭 챙겨 먹겠다 등 해야 할 일들이 많이 생각나실 것입니다.

마지막으로 다섯째, "해야 할 일들을 잘하기 위해서 갖추어야 할 지식과 기술은 무엇인가?"

예를 들어 금연하겠다고 마음먹었다면 금연에 성공하기 위해서 알아야 할 것이 있을 테지요. 직무로 보자면 해야 할 일을 수행하기 위해서 알아야 할 직무 기술에 해당합니다.

좀 복잡해 보이나요? 다시 한번 정리하자면 5개의 질문에 답함으로써 목표를 분명하게 설정하고, 그 목표를 이루기 위한 활기찬 활동을 할 수 있습니다. 그 5개의 질문은 바로 "나의 직무 목표는 무엇인가? 내가 책임을 진 업무 영역은 몇 개인가? 각 책임 영역별로 어떤 성과 목표를 달성해야 하는가? 목표를 달성하기 위해 집중해야 할 핵심 행동들은 무엇인가? 그리고 그 행동을 수행하는 데 필요한 지식과 기술은 무엇인가?"입니다. 이러한 질문에 대한 격의 없는 토론을 통해 명확한 답을 찾아가는 과정은, 일을 게임으로 만들며 당신과 동료의 마음을 뛰게 할 것입니다.

위임

　　　　　　　　　회사에 입사한 지 10년, 당신은 남보다 조금 빠르게 팀장이 되었습니다. 팀원은 당신을 포함해서 7명! 당신은 잘해보고 싶은 책임감으로 한층 고무되어 있습니다. 만일 당신이 이와 유사한 상황에 있다면 이번 글이 꽤 도움이 될 것입니다. 저는 성공적인 팀 운영을 위한 핵심 원리 2가지를 말씀드리고자 합니다. 아주 오래된 이야기에서 시작하겠습니다.

　아주 오랜 옛날 이스라엘 민족이 이집트에서 노예로 생활하던 때가 있었습니다. 히브리 노예라 불리는 그들이 피라미드를 만들었다고 알려졌지요. 그러던 어느 날 모세라는 민족의 지도자가 나타나서 이스라엘 민족을 이집트로부터 해방해 민족을 이끌고 광야로 나아갔습니다. 이 소식을 모세의 장인 이드로가 듣고, 모세와 가족의 안부가 궁금해서 광야로 찾아갔습니다.

　이드로가 모세를 만나러 갔을 때 모세는 정말 바쁘게 일하고 있었습니다. 수많은 백성이 모세 앞에 길게 늘어서 있었습니다. 모세는 그들의 이야기를 듣고 무엇이라고 판결을 내려주고 있었습니다. 한 민족이 광야에서 생활하고 있고, 국가의 조직 체계는 아직 형성되지 않은 상황이었지요. 그러니 얼마나 많은 사건 사고가 있었겠습니까! 문제가 있을 때마다 그들은 모세를 찾아갔습니다.

　이 상황을 쉽게 설명해보자면 이렇습니다. 당신이 사는 도시에 정부

기능을 수행하는 사람은 시장, 단 한 사람입니다. 모든 시민은 민형사 및 개인적인 문제까지, 살면서 발생하는 많은 문제를 해결해달라고 시장을 찾아갑니다. 일하는 시장은 한 명이니 얼마나 오래 기다려야 하겠습니까!

이드로는 모세에게 자신이 눈으로 본 상황에 대해서 묻습니다. 모세는 백성이 판결이 필요한 문제가 있으면 자신을 찾아오니 자신도 어쩔 도리가 없다는 식의 궁색한 변명을 합니다. 이드로는 이런 식으로 하면 모세도 지치고 백성도 지친다며 그의 어리석음을 책망했습니다. 그러면서 다음과 같이 2가지의 해법을 제시합니다.

"먼저 자네는 백성에게 규례와 율법을 가르쳐서, 그들이 마땅히 가야 할 길과 그들이 마땅히 해야 할 일을 알려주게. 또 자네는 백성 가운데서 능력과 덕을 함께 갖춘 사람, 곧 하느님을 두려워하며 참되어서 거짓이 없으며 부도덕한 소득을 싫어하는 사람을 뽑아서 백성 위에 세우게. 그리고 그들을 천부장, 백부장, 오십부장, 십부장으로 세워서 사건이 생길 때마다 그들이 백성을 재판하도록 하게. 큰 사건은 모두 자네에게 가져오게 하고 작은 사건은 모두 그들이 스스로 재판하도록 하게. 이렇게 그들이 자네와 짐을 나누어 지면, 자네의 일이 훨씬 가벼워질 걸세."

이드로의 조언은 매우 현명합니다. 큰 책임을 올바르게 감당하기 위한 핵심 원리 2가지가 무엇인지를 정확히 알려주고 있습니다. 첫째는 조직 구성원을 가르쳐야 한다는 것입니다. 무엇이 옳은지 그른지를 스스로 판단할 수 있도록, 자신이 아침에 출근해서 무슨 일을 해야 하는지를 스스로 결정할 수 있도록, 일을 수행하는 방식에서 우리 회사가 중요하게 생각하는 가치가 무엇인지를 명확하게 알고 그 기준을 준수할 수 있도록 가르치는 데 온 힘을 쏟아야 합니다. 이 조언을 따라 모세는 《신명기》를 쓰게 되었고 그것을 백성에게 가르쳤습니다.

두 번째 해법은 사람을 선발하여 위임하는 것입니다. 무엇보다 중요한 것이 적재적소에 유능한 인재를 배치하는 것입니다. 사람을 선발하는 기준은 예나 지금이나 동일합니다. 덕과 능력을 겸비한 사람입니다. 덕은 가치관과 리더십을 의미하고, 능력은 업무 적합성과 수행력을 말합니다.

작은 팀을 이끌고 있는 팀장에게는 민족의 지도자가 준 교훈이 너무 멀게 느껴질 수도 있습니다. 하지만 근본적으로는 작은 팀에나 큰 팀에나 모두 적용할 수 있는 교훈입니다. 일은 결코 혼자서 수행할 수 없습니다. 자신이 상급자이든 아니든, 누구에게서 도움을 받아야 하는지 생각하고 그 관계를 강화해야 합니다. 매니저들 대부분은 많은 책임을 졌기 때문에 바쁩니다. 시간이 없습니다. 하지만 직원을 가르치는 데 드는 시간과 노력을 배정해야 하며, 어려운 상황에서도 책임을 위임할 수 있도록 노력해야 합니다. 그리하면 당신의 유능함과 효율성도 향상되고 상대방은 새로운 성장과 공헌의 기회를 잡게 될 것입니다. 긴 관점에서 보면 모두를 성장시키는 해법이지요.

6장

효율적으로 일하라

시간 관리

　　　　　전라남도 일대를 돌아보는 1박 2일 남도여행을 간 적이 있습니다. 광주에서 시작해서 전주와 남원을 돌아보고 해남을 거쳐 정약용 선생님의 유적지를 살펴보는 여행이었습니다. 정기적으로 모임을 갖는 강사들과 함께한 여행이어서 마음도 편하고 재미있는 일도 많았습니다.

　1박을 하는 저녁에는 늦은 밤까지 흥겨운 시간을 보내게 되었습니다. 문제는 다음 날 아침에 발생했습니다. 모두 너무 늦게 잠이 든 탓에 늦게 일어났고, 결국 불가피하게 여행 일정에 차질이 생겼습니다. 어떤 이는 일단 다음 목적지를 향해 출발하자고 했고, 어떤 이는 이미 많이 늦어졌고 시간도 얼마 남지 않았으니 많은 일정을 취소하고, 인근의 관광지를 둘러본 후에 상경하자고 했습니다.

서로가 의견이 분분할 때 평소 철저한 자기관리로 동료에게 항상 존경을 받는 한 강사께서 아주 합리적인 해결책을 제안했습니다. 그것은 일정을 거꾸로 계산해서 경로를 선택하는 방식이었습니다.

"자, 우리는 광주에서 오후 3시에 비행기를 타도록 이미 표가 예약되어 있습니다. 그러면 적어도 광주 공항에는 오후 2시 30분에 도착해야 합니다. 점심을 '강강수월래'에서 전라남도 한정식으로 먹기로 했으니 식사를 오후 1시 30분까지는 마쳐야 합니다. 정약용 선생님 유적지를 돌아보고 오전 11시에 출발하면 '강강수월래'에 오후 12시에는 도착할 수 있습니다."

이런 식으로 계획을 설명하는데 모두 무릎을 치지 않을 수 없었습니다. 정말 합당한 말이라고 생각되어 이구동성으로 그 강사를 칭찬했지요. 가장 부족한 게 시간이었는데 그 시간을 어떻게 배정할 것인가를 최종 목적지에서 역으로 계산해 이동 경로를 정하는 방식은 그 여행을 원래 계획대로 진행하는 데 결정적인 역할을 했습니다.

일을 성공적으로 완료하기 위해서는 필요한 자원을 정확하게 계산하여 확보해야 합니다. 도중에 자본이 부족하여 실패하게 될 때도 있고, 적합한 사람을 확보하지 못하여 일을 성사시키지 못할 때도 있으며, 기술을 확보하지 못해서 목표를 달성하지 못할 수도 있습니다. 그런데 우리가 실패를 경험하게 될 때에 주로 부족했던 자원은 무엇일까요? 많은 사람이 시간이라고 답합니다.

한 가지 가정을 해보겠습니다. 목표를 달성하는 데 5000만 원의 자본이 필요하고 3명의 사람에게서 협력을 받아야 합니다. 그리고 3개월의 시간이 필요합니다. 혹시 이와 유사한 상황을 겪어본 적은 없으십니까? 만일 실패했다면 무엇이 부족해서였을 것 같나요? 분명 시간이리라는 생각이 듭니다. 왜냐하면 돈은 어떻게 해서든 빌릴 수 있고 사람도 사서 쓸 수 있습니다만 시간은 도무지 어떻게 할 수가 없기 때문입니다. 시간은 멈추지 않고 흐르며 우리의 딱한 처지를 봐주질 않습니다. "아! 딱 일주일만 더 있었으면 좋겠다!"라고 얼마나 많은 수험생이 부르짖고 있을까요? 많은 프로젝트 리더들 또한 그렇게 아우성을 치고 있지요. 우리도 자주 시간이 없음을 한탄하며 스트레스를 받습니다.

시간을 관리할 줄 모른다면 당신은 유능한 사람이 될 수 없습니다. 그리고 당신이 의도한 목표를 달성할 수 없습니다. 시간을 효과적으로 사용하는 능력을 증진하는 첫걸음은 시간을 자원의 관점에서 바라보는 것입니다. 자원을 효율적으로 관리하여 사용하기 위해서는 그 자원의 사용 여부를 사후에 정확히 기록해야 하고, 사전에는 투자 수익률을 극대화할 수 있는 곳을 정해서 미리 배정해야 합니다.

이것을 돈에 비유해 생각해보겠습니다. 기업을 경영할 때 돈은 소중한 자원입니다. 그래서 모든 기업은 경리 직원을 채용하고 회계부서를 운영합니다. 이들은 돈을 어디에서 조달하여 어디에 사용했고 현재 얼마를 보유하고 있는지를 1원도 틀리지 않게 정확히 기록합니다. 아울러 기업은 기획부서를 운영해서 미리 예산을 수립하고 집행합니다. 가정도 마찬가지입니다. 주부들 대부분은 수입과 지출을 꼼꼼하게 기록하여 관리합니다. 그렇게 하지 않으면 가정경제가 파탄 나고 자녀와 미래를 위해 저축하기 어렵기 때문입니다. 다시 한번 강조하지만 기록하지 않고서는 자원을 효율적으로 관리하기 어렵습니다.

시간 부족은 목표 달성 실패에 가장 자주 등장하는 치명적인 요소입니다. 시간을 자원의 관점에서 바라보고 그것을 기록하는 일을 시작해 보세요.

시간을 기록하는 방법은 2가지가 있습니다. 먼저는 제가 서두에서 여행의 예를 통해서 말했던 것처럼 시간을 어디에 배정할 것인가를 미리 결정하여 기록하는 것입니다. 두 번째는 실제로 사용한 시간을 사실 그대로 기록하는 것입니다. 매일 업무를 마치는 시간에 약 10분의 여유를 가지고 오늘이라는 시간을 어디에 사용했는지 기록해보세요. 그러면 당신은 놀라운 사실을 발견할 것입니다. 얼마나 많은 시간이 비효율적으로 낭비되었는지 발견하실 테니까요.

집중

저는 군대에 다닐 때 사단의 사격 선수로 선발되어 약 6개월 정도 집중 훈련을 받은 경험이 있습니다. 사격은 고도의 집중이 필요한 매우 세련된 스포츠입니다. 심장박동까지도 영향을 미치기에 사격 선수들은 보통 무더운 여름에도 심장의 진동을 차단하는 쿠션을 장착한 두꺼운 옷을 입지요.

아침에 기상하면 동료들과 함께 조깅하면서 하루가 시작되었습니다. 사선에 올라서서 전방 200미터 지점에 놓인 작은 점처럼 보이는 과녁을 향해 첫 발을 발사하고 맡는 화약 냄새는 표현하기 어려운 묘한 즐거움을 주었습니다. 자세를 가다듬고 호흡을 조절해서 두 번째 총알을 발사하면 과녁의 어느 부분을 맞추었을지 예측하는 작업을 합니다. 예를 들면 이번 총알은 3시 방향, 9점대에 맞은 것 같다고 예상해보는 것이지요. 그런 후 정밀한 망원경으로 총알이 실제로 어디에 맞았는지를 확인합니다. 사격을 잘하는 사람은 자신이 쏜 총알이 10점대에 명중하지 못한 이유를 정확하게 설명할 수 있습니다. 아무리 생각해봐도 사격은 참으로 정밀한 작동과 고도의 집중력을 요구하는 일이었습니다. 심장의 진동까지도 통제하지 않는다면, 그 미묘한 진동으로 10점에 명중하지 못하고 9점대, 8점대로 총알이 빗겨갔기 때문이지요.

사격할 때 범하는 흔한 실수가 있습니다. 이 실수는 바로 눈앞에 있는 총의 가늠자와 200미터에 놓여 있는 희미한 표적을 동시에 바라보아야 하는 어려움에서 발생합니다. 우리의 시선은 눈앞에 있는 것과 200미터 전방에 있는 사물을 동시에 선명하게 바라보지 못합니다. 아무래도 어느 하나에 시선을 맞추게 되고 그러면 당연히 다른 사물은 초점이 맞지 않아 조금 흐리게 보입니다. 이때 우리는 자신이 맞추어야 할 과녁을 선명하게 바라보기 위해서 노력합니다. 더욱이 과녁은 멀리 있어서 더욱 흐릿하기에 또렷이 보려면 더욱 집중해야 합니다. 그러면 자연스레 바로 눈앞에 있는 가늠자는 약간 흐릿하게 보이는 현상이 발생하지요. 이와 같은 상태에서 총알을 발사하면 대부분 8점대에, 어떤 때는 7점에 맞기도 합니다. 실패한 것이지요. 왜 이런 현상이 발생하는 것일까요? 바로 눈앞에 있는 가늠자를 선명하게 보지 못함으로써 발생하는 아주 미세한 오차가 총알이 200미터 지점의 과녁까지 날아가는 동안 10여 센티미터 이상의 상당한 오차로 확대되기 때문입니다. 따라서 사격 선수는 바로 눈앞의 가늠자에 초점을 맞추고 200미터 전방의 희미한 점으로 보이는 과녁을 살며시 가늠자에 정렬합니다. 호흡을 조절하고 몸의 미세한 움직임도 통제하는 고도의 집중된 상태에서 총알을 발사하면 10점대에 명중시킬 수가 있습니다.

저는 사격 선수로서의 경험을 통해서 목표 달성 기술의 중요한 측면을 배웠습니다. 그것은 가늠자에 초점을 맞추면서 동시에 과녁을 바라보는 것입니다. 우리가 미래에 달성할 목표가 200미터 앞의 과녁이라면 가늠자는 '오늘 하루'입니다. 즉, 오늘 하루에 집중하여 최선을 다해 사는 것이 중요합니다. 비전을 중요하게 강조하다 보면 약간의 오해가 생겨서 오늘의 중요성을 놓치는 경우가 있습니다. 과녁(목표 혹은 비전)은 매우 중요합니다. 다만 과녁을 명중시키고자 한다면 오늘을 충실하게 살아야 합니다. 미래를 준비하는 가장 좋은 방법은 오늘을 충실하게 사는 것입니다.

강의를 하다가 저는 한 사람을 일으켜 세워서 양손에 각각 공처럼 둥글게 뭉친 종이를 들고 있게 했습니다. 그러고는 "선물을 하나 드릴 테니 그것을 잘 받아보세요"라고 말하고는 선물을 던졌습니다. 어떤 사람은 손에 종이 뭉치를 들고 있었기 때문에 주먹을 쥔 손으로 선물을 받으려다 그만 선물을 놓쳤습니다. 어떤 사람은 순간적으로 재치 있게 판단하여 종이 뭉치를 던져버리고는 양손으로 선물을 받았습니다. 손에 들고 있게 했던 종이 뭉치는 아직 다가오지 않은 미래와 이미 지나간 과거를 상징합니다. 우리는 현재 오늘을 살고 있지만 실상 우리의 정신과 마음은 아직 다가오지 않은 미래에 대한 과도한 염려와 공허한 상상으로 가득 차 있는 경우가 많습니다. 염려가 극심해서 정작 미래에 대비하기 위해서 오늘 해야 할 일은 뒷전으로 밀려나 있고, 실제 고민만 많이 하지 별다른 행동을 하지 못하는 경우도 허다합니다. 우리의 힘과 열정은 오늘 하루를 멋지게 살기에도 부족할지 모르는데, 많은 에너지를 이미 지나간 일에 대한 미련과 원한, 안타까움으로 소진하는 것입니다. 신은 결코 우리에게 많은 힘을 허락하지 않았습니다. 다가오지 않은 미래에 대한 염려를 어깨에 짊어지고, 이미 지나간 과거에 대한 후회와 미련, 원망의 무거운 짐을 양손에 들고서도 오늘을 거뜬하게 살 수는 없습니다. 명중시키고자 하는 과녁을 분명하게 설정하세요. 그리고 가늠자를 또렷하게 보듯이 오늘 하루를 최선을 다해서 살아보세요. 오늘은 지나가면 다시 오지 않습니다. 오늘은 그대에게 주어진 값진 선물입니다.

즉시

평소에 강의하던 마음으로 이야기를 풀어나가고 있습니다. 좋은 점도 있고 나쁜 점도 있습니다. 나를 성찰하는 시간이 되는 건 매우 좋은데 아무래도 자기 고백적인 글을 쓰게 될 때가 있습니다. 강의할 때에는 사람들이 목소리를 듣고 나면 곧 잊어버리기에 별 문제가 없는데 글은 종이 위에 남게 되니 부담이 되는군요. 서론이 길었던 이유는 저의 부끄러운 한 면을 드러내놓고 실패와 성공의 차이점에 대해서 말씀드리기 위해서입니다.

건강보험료를 상당 기간 체납한 적이 있습니다. 비교적 최근의 일입니다. 제가 수입이 적고 가난해서 건강보험료를 체납한 게 아니었습니다. 이곳저곳 돈을 써야 할 곳이 많았습니다. 별생각 없이 건강보험료 지급을 차일피일 뒤로 미루었습니다. 정말 별다른 생각 없이 그랬습니다. 그 결과가 어떻게 나타나는지 아시지요? 결국 건강보험공단으로부터 경고를 받았습니다. 사정에 사정을 거듭하여 체납된 금액을 일시에 납부하는 일만은 피할 수 있었습니다. 그렇지만 분할 납부를 할 수 있게 되었다고 해서 아예 부담이 없지는 않았습니다. 생각해보세요. 매달 청구되던 건강보험료를 제때 내지 않은 사람이 이제 매달 청구되는 보험료를 미루지 않고 지급하면서 거기에 그동안 못 냈던 분량을 더해야 하니 그 부담이 얼마나 컸겠습니까! 지금 힘들다고 뒤로 미루면 결국 더 힘들어진다는 것을 절감했습니다.

이런 못된 습관은 업무 처리에도 나타났습니다. 일하다 보면 소소한 일들이 참 많습니다. 이메일을 읽고 회신을 해야 한다든지, 회의 시간에 약속한 이런저런 일들을 신속하게 매듭짓는 등의 일들이지요. 또는 고객들이 문자나 이메일로 "시간 되시면 처리해 주세요"라는 식으로 편하게 부탁한 업무들이 있습니다. 이런 일들은 사안에 따라서 조금 다르지만 처리하는 데 보통 1분에서 5분 정도밖에 들지 않는 작은 일들입니다. 그런데 저는 그것을 즉시 처리하지 않고 뒤로 미루었습니다. 왜 그렇게 했느냐고요? 예, 바빠서요. 여유가 없어서 그랬습니다.

12주간 진행하는 교육이 있습니다. 진행 중간에 종종 수강생들이 강의가 정말 힘이 된다며 저를 격려해주는 문자를 보냅니다. 일하다가 그런 문자를 받으면 정말 기분이 좋습니다. 그 문자에 답장하는 데 시간이 얼마나 걸릴까요? 15초 정도 걸리나요? 그런데 저는 바빠서 답장을 못하고 그냥 넘어가는 경우가 많습니다. 어떤 때는 며칠 지나서야 문자에 답신하기도 했습니다. 상대방에게 반응을 보여주는 것이 인간관계에서 정말 소중한 것인데, 그것을 소홀히 하는 제가 정말 부끄럽습니다.

종종 서너 개의 프로젝트가 동시에 진행될 때가 있습니다. 또 강의하는 것이 주 업무여서 사무실을 비우고 출장을 가는 경우도 참 많습니다. 그러다 보면 전화를 못 받는 경우도 생기고, 이메일을 읽고 회신하는 데 소홀할 때도 자주 있습니다. 특히 간단한 정보를 찾아줘야 하는 부탁에는 더욱 소홀히 대하는 것 같습니다. 하지만 꼭 해야 하는 일이어서 결국은 하루 이틀 기한을 넘겨서 처리합니다. 제가 자주 쓰는 이메일 문구가 있습니다. "○○○ 님, 늦어서 죄송합니다." 저에게는 업무를 부탁할 수 있는 동료가 몇 분 있습니다. 그분들에게 이메일을 전달하고 전화로 일 처리를 부탁하는 작은 노력만으로도 일이 뒤로 미루어지지 않을 수 있습니다. 그런데도 저는 그렇게 안 하다가 발등에 불이 떨어지고 나서야 허둥지둥 미안하다면서 사람들에게 부탁하곤 합니다.

혹시 당신도 저처럼 호미로 막을 것을 가래로 막는 어리석은 습관을 지니고 있지는 않습니까? 만일 당신의 책상이 평소에 매우 어지럽혀져 있다면 저와 유사한 성향인 분일 거예요. 일이 많다 보니 좀 더 중요한 일에 온통 에너지가 집중되어 있어, 작은 일들은 미처 신경 쓰지 못하고 뒤로 미루어 놓습니다. 하지만 여전히 그것을 해야 한다는 부담은 마음속에 남아 있는 상태이지요. 결국 그 일을 하기는 하지만 이미 기한을 넘겼기 때문에 상대방에게서 좋은 소리를 듣기는 어렵습니다.

요즘에는 이메일을 읽으면 그 즉시 회신하려고 작심했습니다. 1분이나 3분처럼 적은 시간이 드는 간단한 요청들은 즉시 응답하려고 노력했습니다. 이동 중에도 몇 분의 시간을 내어 안부를 물어야 할 분들에게 전화를 드렸습니다. 가능하다면 뭐든지 즉시 처리하려고 노력하고 있습니다. 그랬더니 뒤로 미루지 않는 사람의 평화를 맛볼 수 있었습니다. 당신도 마음이 분주하다면 작은 일들을 뒤로 미루지 말고 즉시 처리해보세요. 훨씬 더 큰 여유를 찾게 될 것입니다.

휴식

저를 만나는 수강생들은 거의 모두 저를 부러워합니다. 대체로 "강사님은 좋겠어요. 일이 재미있고 의미 있어 보여요"라고 하지요. 저는 제 일을 사랑합니다. 그리고 이 일을 하게 된 것에 정말 감사합니다. 앞으로도 계속 이 일을 잘하고 싶습니다. 하지만 고백하자면, 가끔은 정말이지 모든 것을 싹 때려치우고 싶을 때가 있습니다. 강의할 자격도 없고 준비도 미흡하고 재능도 없는 싹이 노란 사람 같다는 생각에 좌절감과 패배감만 팽배할 때가 있지요.

사람마다 자신이 하던 일에 흥미를 잃는 이유는 다 다르겠지만, 저의 경우에는 지나치게 많은 일정이 잡혀 있어서 매일 강의해야 할 때가 그렇습니다. 너무 지치고 피곤해서 강의가 지긋지긋하게 느껴집니다. 또한 강의했던 이야기를 불가피하게 계속 반복해야 할 때도 그렇습니다. 웃음이라는 주제로 명성을 날리고 있는 유명 강사를 생각해보세요. 청중은 그의 강의를 한 번 들었겠지만 정작 강의하는 사람은 수백 번도 넘게 그 강의를 했을 테지요. '내가 바로 그 상태구나' 하는 자각이 들기 시작하니 강연이란 정말 재미없는 일이라는 생각이 들더군요. 남들이 앞서 치고 나가는 것을 보노라면, 사촌이 땅을 사면 배가 아프다는 속담처럼 조급하고 원망하는 마음이 생기기도 했습니다.

저는 요즘 소위 슬럼프라고 하는 시기를 겪고 있습니다. 강의하기가 싫고 의욕이 잘 생기질 않습니다. 당연히 강의도 잘 안되는 것 같습니다. 잘 안되니 더 하기가 싫어지는 악순환이 몇 주간 반복되었습니다. 저는 지금 진지하게 무기력한 저의 모습을 살펴보고 있습니다. 혹시 당신은 그런 경우가 없었나요?

뮤지컬 〈아이 러브 유〉를 5년 정도의 간격을 두고 두 번 보게 되었습니다. 처음 보았을 때의 재미와 감동이 여전히 생생해서 어느 모임에서 또다시 보기로 했을 때 '아! 나 그거 봤는데' 하는 마음보다는 한 번 더 보고 싶다고 생각했습니다. 예상대로 두 번째 보았을 때도 무척 많이 웃었고 재미있었습니다. 모든 것이 세세하게 생각났습니다. 다음 장면에서의 대사가 미리 생각나서 배우가 대사를 하기도 전에 먼저 웃음을 터뜨리기도 했으니까요.

곰곰이 생각해보니, 저는 배우들이 매일 흥미롭고 열정적인 환경 속에서 일하리라고 막연하게 추측했습니다. 그런데 무대 위에 올려진 공연은 몇 달에서 몇 년에 이르기까지 꾸준히 반복되고 있으니, 배우들도 우리처럼 반복되는 일상을 살아갈 수도 있겠다는 생각이 들었습니다.

배우들이 그렇듯, 또 우리가 그렇듯 사람들 대부분은 급격한 변화 속에서 사는 듯하면서도 매일 반복되는 일상을 경험하고 있습니다. 그리고 그것은 우리를 지치게 하는 주요한 원인이 됩니다. 이러한 문제에 직면해 있다면 혹은 경험해보았다면 효과적인 대처 방법을 생각해볼 필요가 있습니다. 감정적으로 어려운 시기를 잘 견디어내는 일은 우리의 비전을 성취해 나가는 데 매우 중요한 징검다리가 될 것입니다.

얼마 전 수강생들과 함께 제주도에 워크숍을 다녀왔습니다. 일정에 따라 한라산을 올랐습니다. 빠른 걸음으로 앞장서는 가이드를 따라가는 일이 만만하지 않았습니다. 그렇게 급하게 한 시간 정도를 걷던 그는, 정말이지 빼어난 풍광을 자랑하는 멋진 오름으로 우리를 인도했습니다. 그리고 그곳에서 느긋하게 30여 분 가까이 쉬게 했습니다. "그만 일어날까요?" 하고 일행이 말했지만 "이 좋은 공기를 좀 더 마시세요" 하고는, 햇볕도 따스하고 바람도 없으니 제주도의 해안선과 크고 작은 오름의 부드러운 선을 감상하라며 바위 위에 느긋하게 앉아 있었습니다. 그동안 제주도를 참 많이 다녀왔으면서도, 저는 그날 제주도가 얼마나 아름다운 곳인지를 처음 알게 된 것 같았지요.

쉬면서 작은 것이라도 누리는 사치를 누려보는 일은 우리를 기쁘게 합니다. 그래서 꼭대기만 바라보고, 주변의 아름다운 경치를 감상하지도 못할 만큼 빠르게 산을 오르는 일은 어리석어 보입니다.

힘이 들 때 일탈의 방식으로 휴식을 취하는 경우도 많습니다. 한 달에 걸친 프로젝트를 마치고 모든 팀원이 밤새 술을 마시는 것이 대표적이지요. 주말에 아무 생각 없이 멍청하게 몇 시간이고 TV를 보는 것도 나름 지친 머리를 쉬게 하는 방법입니다. 다만 지나치면 오히려 에너지를 방전시킵니다. 통제력을 잃어버린 듯한 느낌은 정말 좋지 않습니다. 쉽지 않더라도 그런 느낌이 들 때는 당장 멈추어야 합니다.

목적지까지 안전하고 멋진 여행을 하기 위해서는 점검이 필요합니다. 친한 친구와 담소를 나누거나, 맘 편한 곳에서 책을 읽거나, 책상과 자료를 정리하거나, 운동하고 사우나를 하거나, 푹 자거나, 몇 분이나마 기도하는 시간을 가져보세요. 일하는 중에 휴식하는 법을 배우면 당신의 건강과 행복을 위해서 반드시 필요한 에너지를 시기적절하게 충전할 수 있습니다.

3부

설득력

메시지를 정확히 전달하고 타인의 메시지를 잘 이해할 수 있는가

무엇보다도 중요한 메시지는 바로 당신 자신입니다.

7장

당신이 메시지이다

미디어

"미디어는 메시지이다."

캐나다의 사회학자 마셜 맥루한Marshall McLuhan의 유명한 명제입니다. 그는 텔레비전, 라디오, 신문뿐만 아니라 돈, 시계, 자동차, 사진 등도 미디어로 보았으며, 미디어는 곧 인간의 확장물이라고 했습니다. 덧붙여 인간은 자신의 확장물인 미디어에 사로잡혀 있다고 보았지요.

단지 흥미를 유발하기 위해서 맥루한의 명제를 조금만 변형해보겠습니다. "당신이 메시지이다"라고 말입니다. 여기서 제가 말하는 당신이란 메시지를 전달하는 수단, 즉 미디어로서의 당신을 말합니다.

오래전 일입니다. 일간지에서 '제2의 차붐을 예고하는 손흥민'에 관한 짧은 칼럼을 읽었습니다. 함부르크팀의 손흥민이 독일 축구 팬들에게서 축구 천재, 인기 폭발, 로켓, 기대주 등으로 묘사되며 인기를 얻고 있다는 기사였습니다. 이제 고작 18세의 축구 유망주인 그가 독일 분데스리가에서 인기를 얻은 비결을 분석한 그 기사는, 물론 그의 출중한 실력을 언급하고 있었습니다만 무엇보다도 그의 미소를 강조했습니다.

손흥민은 항상 입가에 미소를 머금고 있으며 이런 모습이 독일 축구 팬들이 그를 좋아하는 이유라고 했습니다. 미소가 축구 선수로 성공하는 데 중요하게 기여했다는 게 놀랍습니다.

그렇다면 자신의 의견과 아이디어를 전달해서 상대방의 동의와 협력을 이끌어내고 마침내 실행하려는 목적의식을 가진 소통에서는 미소가 어떤 역할을 할까요? 미소 이야기는 우리에게 메시지의 본질에 대해서 생각하게 합니다.

저는 최근에 유명 호텔의 객실, 연회, 웨딩 파트에서 영업을 담당하고 있는 분들과 영업력 향상을 목표로 교육을 진행했습니다. 교육 중에 저는 수강생들에게 영업에서 성공한 사례를 발표해달라고 요청했습니다. 객실 영업을 담당하고 있는 모 대리는 우리나라 굴지의 전자회사의 중동지역 판매 담당 부서에 대규모의 객실을 판매한 성공 사례를 소개했습니다. 우리가 예상할 수 있듯이 그는 업무 담당자를 만나서 호텔의 차별적 서비스와 위치의 이점을 자세히 소개했고, 결국 판매에 성공했습니다.

위 사례에서 호텔의 영업 직원이 고객에게 전달하려고 노력했던 메시지는 무엇이었을까요? 호텔 서비스의 차별적 우수성 등이라고 생각하겠지만, 그 정도의 정보는 이미 홈페이지에서도 너무나 멋지게 소개되어 있습니다. 아마도 고객의 의사결정을 이끌어내는 데 기여한 메시지는 전달하고자 노력했던 내용을 넘어서는 다른 무엇일 것입니다. 결론부터 말하면, 고객은 그 호텔의 친절과 서비스 수준을 지금 자신 앞에서 프레젠테이션하는 호텔의 직원을 통해서 확신했습니다.

메시지 전달로 얻고자 하는 결과를 생각해보면 메시지의 본질을 쉽게 알 수 있습니다. 당신이 가정이나 학교, 혹은 회사에서 누군가와 대화를 나누었던 일을 생각해보세요. 분명하게 인지하든 그렇지 않든, 당신과 상대방은 서로 원하는 무엇이 있었고 그것을 얻고자 했을 것입니다. 누군가의 이야기에 영향을 받아서 그가 의도하는 어떤 행동을 하기로 한 때를 잘 생각해보세요. 결국 우리가 그의 메시지를 받아들이게 된 이유는 그 메시지를 전달하는 사람에게 신뢰하는 마음이 들었기 때문입니다.

누구의 말을 신뢰한다는 의미는 그 사람을 신뢰한다는 것입니다. 여기서 우리는 메시지의 본질을 알 수 있습니다. 그것은 메시지를 전달하는 사람 그 자체가 가장 중요한 메시지라는 것이지요. 위 호텔 영업 사례에서처럼 가망 고객은 여러 번의 만남을 통해서 영업 직원의 세심한 배려와 업무를 추진하는 실력에 감동 받았을 뿐만 아니라 신뢰하게 되었던 것입니다. 그래서 중동지역 판매를 담당하는 현지 대리점 대표들을 서울로 초대하여 그들의 노고를 치하하고 나아가 조직과 브랜드에 대한 충성도를 높이기 위해 마련한 본 행사를 차질 없이 치르는 데 적합하다고 판단한 것입니다.

미국의 사회심리학자 앨버트 메라비언Albert Mehrabian 박사는 메시지를 전달하는 매체로 언어적 표현, 전달자의 음성, 표정 같은 시각적 보디랭귀지를 언급했습니다. 덧붙여 메시지 전달에서 이들 매체가 차지하는 비중은 순서대로 7퍼센트, 38퍼센트, 55퍼센트라는 연구 결과를 발표했지요. 유의할 점은 이 수치가 메시지의 전달 양을 의미하는 게 아니라는 것입니다. 사람이 메시지를 전달할 때의 수단을 언어, 음성, 표정이라고 했을 때 각각의 매체가 서로 일치하지 않는 메시지를 보낸다면 듣는 사람이 무엇을 더 신뢰하는가에 관한 연구 결과입니다.

당신이 여름휴가를 준비하면서 부모님과 자녀를 포함해 가족 모두 외국 여행을 가려고 준비하고 있다고 가정해봅시다. 인터넷 검색으로 여러 여행사에서 준비한 상품을 검토하며 매우 기대에 부풀어 있을 것입니다. 상품의 구색이 맘에 들고 가격도 적당한 여행사를 발견한 당신은 좀 더 자세한 정보를 얻기 위해 상담을 요청했습니다. 여행사 직원은 기꺼이 그와의 상담에 응했고, 그의 회사 근처 커피숍으로 찾아왔습니다. 그런데 설명을 듣다 보니 뭔가 마음에 걸렸습니다. 정확히 무엇이라고 말하기는 어렵지만 그 직원에게서 왠지 사기꾼 같은 느낌을 받앉습니다. 말은 그럴싸하지만 막상 상품을 팔고 나면 이런저런 이유로 예상외의 추가 지출을 할 것 같았지요. 당신이 이 상황에 처했다면 어떻게 하시겠습니까?

오늘도 당신은 많은 사람을 만날 테지요. 5분 정도의 짧은 시간 동안 대화할 수도 있고, 혹은 1시간에 걸쳐 긴 회의를 진행할지도 모릅니다. 만일 회의를 진행한다면 당신은 "무슨 이야기를 할까? 어떻게 설득할까?"라고 고민하면서 준비할 테지요. 기억하세요. 단순히 정보를 전달할 뿐이라면 당신 자신은 메시지를 전달하는 매체로서 별다른 중요성을 띠지 못할 수도 있습니다. 하지만 누군가를 설득하거나 동기를 부여하거나 의사결정을 이끌어내야 하는 목적을 지닌 소통을 해야 한다면, 무엇보다도 중요한 메시지는 바로 당신 자신입니다. 당신이라는 미디어는 다른 사람들이 신뢰할 만한가요?

에너지

"만일 신이 나에게 준 모든 것을 다시 가져가면서 오직 하나만을 남길 수 있다고 한다면 나의 스피치 능력을 선택하겠다. 스피치 능력이 남아 있다면 나는 빼앗긴 모든 것을 다시 돌려받을 수 있기 때문이다."

스피치 능력의 중요성을 강조하기 위해서 어느 정치인이 한 이야기입니다. 과장된 표현이기는 하지만 의미 있는 말입니다.

우리는 혼자 살고 있지 않습니다. 혼자서 무엇을 할 수 있겠습니까? 본질적으로 인간은 관계 속에서 존재하며 그 안에서 자신의 존재 의미를 발견하고 삶을 영위합니다. 저는 존재하기 위해 환경과 조화를 이루고 교감하는 본질적인 수단을 넘어서서 좀 더 목적적인 관점에서 소통하는 행위를 다루고자 합니다. 무엇을 이루고 달성하고자 한다면 어떤 행위가 수행되어야 합니다. 감나무 밑에 누워 있는데 감이 저절로 떨어지는 것을 기대할 수는 없지요. 원하는 결과를 달성하기 위해서 수행되어야 할 행위는 나 혼자서 할 수 있는 일이 아닙니다. 그것은 많은 사람의 협력이 필요하지요. 당신의 말은 사람들을 움직일 수 있습니까?

스피치 기술을 단련하면 우리는 참 많은 기회를 잡을 수 있습니다. 예를 들어 협상을 원하는 방향으로 이끌어 유리한 지점을 선점할 수 있습니다. 또는 예기치 않은 순간에 찾아온 프레젠테이션 기회 앞에서 기대 이상의 모습을 발휘하여 실력을 인정받고 멋진 성과를 창출할 수도 있습니다. 중요한 경기를 앞두고 모두 긴장으로 위축되어 있을 때 스피치 능력이 있는 감독이라면 선수들을 격려하며 승리에 대한 자신감을 불어넣을 수 있습니다.

사람은 그가 말하는 수준 이상으로 평가받기 어렵습니다. 당신에게 스피치 능력을 단련하는 것은 어떤 의미가 있습니까? 스피치 능력이 가져올 확대된 기회를 인지하는 것은 필요한 기술을 향상하기 위한 중요한 첫걸음이 됩니다.

피터 드러커 교수는 "리더의 커뮤니케이션의 궁극적인 목적은 동기부여다"라고 했습니다. 커뮤니케이션은 스피치보다 큰 개념입니다. 따라서 스피치의 목적 역시 동기부여라고 해도 옳습니다. 평소에 우리는 자주 이 당연한 목적 자체를 잊고 말합니다.

어느 자동차 기업의 대표가 월간 업무 진행 보고를 담당 본부장에게서 듣고 있었습니다. 담당 본부장은 몇 마디 보고도 못 하고 대표이사의 꾸지람 비슷한 지시를 줄곧 듣다가 방을 나왔습니다. 저는 그 상황을 지켜보면서 대표이사에게 "지시하는 게 중요한 것이 아니라 당신이 말하는 내용을 스스로 해보고 싶어 하게끔 의욕을 부추겨야 한다"고 조언했습니다. 사실 사람에게 동기를 부여해서 어떤 행동을 하게 하는 건 쉬운 일이 아닙니다.

우선 중요한 것은 당신이 가진 명확한 의도입니다. 말해야 할 주제가 없다면 말하는 기술은 아무런 의미가 없습니다. 마치 포장은 그럴싸해서 멋져 보이지만 내용물은 빈약한 선물 같은 것입니다. 스피치를 잘하는 사람은 말하고자 하는 의도가 분명한 사람들입니다. 자신이 어떤 주제를 이야기해야 하는지를 잘 알고 있습니다. 아울러 자신의 주장을 설득력 있게 전달하고 뒷받침할 콘텐츠도 풍부합니다. 스킬 향상을 위한 우리의 첫 번째 노력은 명확한 의도와 풍부한 내용을 갖추는 일입니다.

하지만 자료를 갖추는 것만으로는 부족합니다. 전달력이 받쳐주지 않으면 자료의 탁월함은 빛이 바래고 맙니다. 노래방에서 그 좋은 노래를 어쩌면 저렇게 비호감으로 부르는지 놀라운 친구들을 종종 보셨지요? 다양한 자료를 가지고 설득하려고 노력하지만 사람에게 동기를 부여해 행동하게 할 만큼 감동적이지는 않을 때가 자주 있습니다. 그 이유는 자신의 것이 아닌 남의 이야기이기 때문입니다. 여기에 전달력의 핵심적인 특성이 있습니다. 전달력을 향상하기 위해 굳이 배우가 될 필요는 없습니다. 내가 말하고자 하는 바가 곧 나의 신념을 표현하기 때문입니다. 예를 들어보지요.

평소 건강 관리에 신경 쓴다는 40대 중반의 직장인이 있습니다. 일주일에 두세 번은 꼭 운동할 뿐만 아니라 금연하고 술도 절제하는 편이었습니다. 그런데 주말 운동이 좀 무리했다 싶으면 어김없이 왼쪽 가슴이 뻐근해지고 호흡도 불편해지는 증상을 반복해 경험했습니다. 불안한 마음에 종합병원에 가서 진찰을 받았지요. 엑스레이 검사와 초음파 검사에서 이상 징후를 발견한 의사는 관상동맥조형술을 시술했고, 결국 관상동맥의 일부가 좁아 발생하는 협심증을 진단하게 되었습니다. 치료 과정은 제법 고통스러웠습니다. 약은 심한 두통을 유발했지요. 그는 치료 과정을 경험하면서 식생활 습관을 개선하리라고 철저하게 다짐했습니다. 그 이후 그가 친구들과의 모임에서 삼겹살에 소주의 즐거움을 삼가고, 적당한 운동을 꾸준히 해야 한다는 식의 이야기를 얼마나 열의를 가지고 했는지 모두 상상할 수 있겠지요. '나의 이야기'에는 이런 힘이 있습니다.

전달력의 또 다른 한 축은 믿을 수 있는가입니다. 우리는 누군가의 이야기를 들을 때 무의식적으로 그 사람의 자격 여부를 따져봅니다. 이야기할 자격이 없는 사람이라면 그가 아무리 청산유수로 말을 잘한다고 한들 그의 이야기는 권위가 없고 설득력이 떨어지기 마련입니다. 어떻게 하면 이야기할 의도와 주제를 얻고 나아가 자격까지 확보할 수 있을까요? 역시 간단하면서 효과적인 힌트는 이것입니다. 나 자신에 관한 이야기를 하는 것입니다. 당신은 당신이 생각하는 것보다 많은 경험과 지식을 가지고 있습니다. 그리고 그것은 타인에게도 유용한 것이며 특히 그 주제로 이야기할 수 있는 자격은 당신에게 있기 때문에 설득의 힘도 매우 높습니다.

프레젠테이션에 관한 유명한 설문 조사가 있습니다. 200여 명의 부사장에게 질문했습니다. 참석했던 프레젠테이션의 흥미 여부에 대해서 평가해달라는 것이었지요. 44퍼센트의 응답자는 지루했다고 평가했습니다. 40퍼센트의 응답자는 졸렸다고 응답했습니다. 겨우 3퍼센트의 응답자만이 매우 흥미 있었다고 응답했습니다. 당신의 평가는 어떻습니까? 누군가의 스피치, 설명, 제안, 강의, 실적 발표 등을 들었던 경험을 떠올려보세요. 아마 당신의 평가도 크게 다르지 않을 것입니다.

아무리 좋은 이야기를 해도 상대방이 들지 않으면 아무 소용이 없습니다. 그러므로 당신은 당신의 이야기가 청중의 관심을 사로잡게 해야 합니다. 저는 매우 쉬우면서도 효과적인 방법을 소개하려고 합니다. 이 방법은 적용하는 즉시 그 효과를 볼 수 있으며 결과도 매우 좋습니다. 바로 열정적으로 이야기하는 것입니다. 평소 친구들과 맥주 한잔을 하면서 수다를 나누고 있을 때처럼 생동감 있는 목소리와 표정 그리고 제스처를 활용해 활달하게 이야기해보세요.

자동차에 비유해 말해보겠습니다. 당신 자동차의 속도계는 아마 230킬로미터 정도까지 표시되어 있을 것입니다. 우리는 평소에 약 60킬로미터의 속도로 주행하고 있습니다. 그 속도를 100킬로미터가 넘게 높여보세요. 스피치에 자신감이 부족한 사람에게 열정적으로 이야기하라는 조언은 도움이 안 될지도 모르겠습니다. 하지만 별다른 방법이 없습니다. 힘을 내어 조금만 더 출력을 높여보시기 바랍니다. 당신이 해야 할 이야기의 중요성을 생각해보는 것도 열의를 가지고 이야기하는 데 도움이 됩니다.

너무도 중요하기에 다시 한번 강조합니다. 에너지를 높이세요! 이것 하나만으로도 당신은 달라질 수 있습니다. 로저 에일스 Roger Ails(레이건 미국 대통령의 재선 캠프에서 혁혁한 공을 세운 미디어 전략 책임자)는 1그램의 에너지가 1톤의 테크닉보다 더 중요하다고 강조했습니다. 당신이 목소리가 크고 수다스러운 사람이 아니라면 이 조언을 귀담아들으세요. 어디에서든 말할 때마다 평소보다 조금 더 열정적으로 이야기하기 위해 용기를 내보세요. 사람들은 좀 더 당신의 말에 주목할 것입니다. 당신이 비록 달변가는 아닐지라도, 자격 있는 이야기를 현명하게 선택하고 그 중요성을 알고 있으며, 그리고 열정적인 태도로 청중의 이익 관점에서 전달한다면 당신의 스피치는 목적을 달성할 것입니다.

메시지의 구조

구슬이 서 말이라도 꿰어야 보배라는 속담이 있습니다. 평범해 보이는 물건들이 전문가의 손을 거치면 탁월한 아름다움과 의미, 그리고 효용을 갖추는 경우가 많습니다. 집 안의 실내장식이 그러하며, 기업에서의 자원 배분이 그러하고, 영화 스토리의 짜임새가 그러합니다. 저는 여기서 전달하고자 하는 메시지의 구조를 어떻게 짤 것인가를 이야기하려고 합니다. 당신은 아주 많은 경험과 지식을 가지고 있습니다. 하지만 그것을 어떻게 구조화할 생각인가요?

흔히 스피치를 잘한다고 알려진 사람들은 모두 철저하게 준비했기 때문에 그런 평가를 받을 수 있었습니다. 결코 즉흥적이고 준비 없이 말하지 않았습니다. 당신이 만일 재능이 부족하다면 더욱 철저히 준비하여 스피치에 대한 기대감과 자신감을 높여야 합니다. 제가 드리는 7개의 질문은 당신의 프레젠테이션 준비를 성공적으로 이끄는 지혜로운 설계자가 될 것입니다.

첫째, "청중이 누구인가?"라고 물어보세요. 흔히 범하는 실수는 자신이 무엇을 이야기할지에만 집착하는 것입니다. 이런 사람은 마치 실력은 있지만 고객을 생각하지 못하고 자신의 기술력에 몰입해 제품을 만드는 엔지니어와도 같습니다. 많은 사람이 스피치에 실패하는 이유는 자신의 관심사를 이야기하기 때문입니다. 명심하세요. 협상, 세일즈, 설명회, 강연 그 무엇이든 성공하기 위해서는 청중의 관심사와 관련된 이야기를 해야 합니다. 그들의 이름, 성별, 나이, 직업, 거주지, 지적 수준, 경험 수준, 관심사, 필요, 취향 등 가능한 한 많은 정보를 수집하면 청중의 특성을 파악할 수 있습니다. 그제야 비로소 무엇을 말해야 하는지 명확히 알게 되고, 그러면 당신의 프레젠테이션이 성공할 가능성은 높아집니다.

둘째, "목표는 무엇인가?"라고 물어보세요. 일을 잘하려면 무슨 일을 해야 하는지만 아는 것이 아니라 왜 그 일을 해야 하는지를 알고, 나아가 무엇을 달성해야 하는지를 분명히 알아야 합니다. 프레젠테이션 역시 같습니다. 사람들이 나에게 기대하는 것을 정확히 알고, 이번 강연을 통해서 무엇을 달성해야 하는지를 아는 연사는 잘 실패하지 않습니다. 왜냐하면 자신의 모든 노력을 목표에 집중하기 때문입니다.

대부분 조직에서 월요일 아침이면 회의를 합니다. 회의를 통해 지난주의 업무 상황과 이번 주에 추진될 주요 업무 내용을 공유할 것입니다. 그리고 회의 끝에 이르러 대표이사 혹은 부서장의 이런저런 말씀이 있기 마련이지요. 그런데 그때 부서장의 스피치는 어떤 목적을 가지고 있을까요? 가장 이상적인 모습은 '블루 먼데이'로 불리는 월요일에 힘겹게 출근한 부서원들에게 이번 주도 열심히 일해보자고 북돋고 얼굴에 의욕의 빛이 돌게 하는 것입니다. 하지만 실상은 어떠한가요? 부서장의 이야기를 들으면 힘이 나는 조직이 있는가 하면, 그나마 있던 의욕마저 빼앗기면서 '어휴. 또 시작이군. 저 잔소리는 언제 끝나나' 하는 조직도 있겠지요. 후자의 경우, 부서장은 월요일의 회의에서 자신의 스피치 목표를 이해하지 못한 상태입니다.

셋째, "내용은 무엇인가?"라고 물어보세요. 당신은 이제 목표가 분명해졌습니다. 그렇다면 이제 전달해야 하는 메시지를 준비해야 합니다. 말하고자 하는 내용을 2~3개 또는 5개로 구분하여 정리해보세요. 어떤 의사결정을 촉구하는 것이 목표라면 왜 이렇게 결정해야 하는가를 2~3가지 측면에서 정리해보는 것입니다. 이 작업은 우리가 전달해야 할 많은 정보를 논리적으로 구조화시켜 줍니다. 참고로 전달해야 할 내용을 선택할 때는 당연히 청중의 관심사와 프레젠테이션의 목표를 고려해야 합니다.

컨설팅회사에서 일한 지 얼마되지 않은 컨설턴트가 있습니다. 그는 어느 기업의 신규 비즈니스 진출의 사업 타당성에 대한 프로젝트에서 처음으로 중요한 역할을 맡게 되었습니다. 철저한 조사와 질문을 거쳐서 해당 비즈니스에 진출하는 것이 성공 가능성이 높다는 잠재적 결론을 내리게 되었습니다. 이제 그 기업에 제출할 보고서를 작성해야 하는

데 도무지 쉽지가 않았지요. 그 수많은 데이터를 어떻게 일목요연하게 정리하여 보여주고 고객을 설득할 수 있는지, 감도 잡을 수 없었습니다. 유사한 경험을 많이 해본 선배의 조언이 도움이 되었습니다.

"왜 그 비즈니스에 진출해야 한다고 생각해? 그 이유를 3가지로 설명해볼래?"

그는 이 3가지 답변을 보고서의 주요 골격으로 삼아서 자신이 말하고자 했던 메시지를 정리할 수 있었습니다.

넷째, "증거는 무엇인가?"라고 물어보세요. 당신이 주장한 바를 청중은 쉽게 이해하거나 받아들이지 않을지도 모릅니다. 당연히 청중의 이해를 돕고 또 청중이 의심을 풀고 당신의 말을 믿게 도와줄 여러 가지 증거를 제시해야 합니다. 직접 실연해 보일 수도 있고, 성공 사례를 제시하거나 실험을 수행한 객관적 수치와 사실 또는 권위자나 고객의 말을 인용할 수도 있을 것입니다. 덧붙여 시각 자료를 준비하고 말하고자 하는 바를 비유를 들어 설명하면 청중의 이해도가 훨씬 높아집니다.

다섯째, "반론은 무엇인가?"라고 물어보세요. 분명 청중 모두가 당신의 주장에 동의하지는 않을 것입니다. 이런저런 반대 의견을 가지기 마련이고, 그것을 당신에게 물어볼 것입니다. 매우 좋은 일입니다. 질의응답 시간을 따로 두어 적극 활용하세요. 질의응답 시간에 당신이 받을 예상 질문 리스트를 뽑아보고 답변을 생각해보는 것도 현명한 준비

방법이지요.

  자, 이제 당신이 말하고자 하는 메시지의 중요한 골격이 완성되었습니다. 이제 그것을 포장해야 합니다. 여섯째, "어떻게 시작할 것인가?"라고 물어보세요. 사람과의 만남에서 첫인상은 아주 중요합니다. 프레젠테이션은 사람과 사람의 만남입니다. 당신은 첫인상이 좋아 보이기 위해 준비해야 합니다. 무슨 말로 당신의 스피치를 시작하려고 하나요? 청중의 호기심을 유발하고 오늘의 주제에 대한 중요성을 부각하는, 그런 매력적인 오프닝을 준비하세요. 아침에 읽은 조간신문의 기사를 인용하면서 시작해도 좋고 청중의 중요한 고민과 관심사에 대한 질문으로 시작하는 것도 좋습니다.

  '윤리경영'이라는 주제의 세미나에 참석한 적이 있습니다. 듣기만 해도 따분해 보이지 않습니까? 연사는 최근에 이슈가 되었던 세계적 기업의 도산 사건을 소개함으로써 발표를 시작했습니다. 그 이야기를 들으면서 저는 즉시 윤리경영의 중요성에 대해 큰 관심을 두게 되었고, 세미나 내내 집중해서 그 발표를 들었습니다.

  마지막으로 일곱째, "어떻게 마무리할 것인가?"라고 물어보세요. 지금까지 당신은 성공적으로 비행했고, 이제 착륙만이 남아 있습니다. 착륙은 가장 어려운 기술 중 하나지만 놀랍게도 많은 스피치와 프레젠테이션에서 가장 신경 쓰지 않는 부분이기도 합니다. "질문이 더 없다면 이만 마칩니다. 경청해주셔서 감사합니다." 이런 식의 마무리를 얼마나 많이 보아왔는지요.

　인상적으로 마무리하기 위해 준비하세요. 당신의 목표를 염두에 두시기 바랍니다. 당신의 메시지를 명확한 행동으로 보여주면서 다시 한 번 강조하는 것도 좋습니다. 또는 멋진 시와 명언 등을 인용해서 감동을 주는 것은 어떻습니까?

　지구온난화 예방을 위한 세미나에 참석한 적이 있습니다. 여러 연사의 프레젠테이션이 차례대로 진행되었지요. 그 세미나는 성공적이었습니다. 왜 성공적이었다고 평가했느냐고요? 몇 년 전의 일임에도 여전히 저는 그 세미나가 청중에게 요구한 것을 기억하고 있기 때문입니다. 지구온난화의 폐해와 그 원인에 대한 수많은 자료와 발표에 이어 결국 청중에게 요구한 것은 "Meat Free Monday!"였습니다. 월요일 아니 일주일에 단 하루만이라도 육식을 금하자는 것이었지요.

　다음 주에 어떤 회의, 만남, 협상, 보고, 설명회를 준비하고 계신가요? 위 질문들을 자신에게 던져보고 답변해보세요. 자연스레 메시지의 구조가 논리 정연하면서도 감동 있게 준비될 것입니다. 그리고 그 메시지의 중요성을 스스로 절감하여 당신에게 있는 에너지를 충분히 활용해보세요. 당신은 즉시 명성을 얻을 것입니다.

8장

텔링하지 말고 셀링하라

프로세스

코칭 세미나에 참석했습니다. 강사로부터 성공하는 코칭에 관한 아이디어를 들었는데 단순하면서도 효과적으로 들렸습니다. 그는 "코칭은 코칭 패러다임을 가지고, 코칭 스킬을 활용하여, 코칭 프로세스를 진행하는 것이다"라는 독특한 정의를 소개했고, 특히 프로세스를 강조했습니다.

프로세스는 일련의 유기적인 활동으로 구성되어 있습니다. 수많은 경험을 분석해서 성공의 결과를 만들어내는 일련의 활동이 최적화된 것이지요. 따라서 초보자일지라도 제공한 프로세스를 충실히 적용하면 기대 이상의 좋은 결과를 얻을 수 있습니다. '기본으로 돌아가자'라는 캐치프레이즈를 많이 들어보았을 것입니다. 그 의미의 핵심은 검증된 프로세스를 지키자는 것입니다. 우리의 경험은 프로세스를 상황에 맞추어 운영하게끔 유연성을 길러주기도 하지만 프로세스의 표준적인 사용을 흐트러트리기도 합니다.

저는 세일즈 프로세스를 활용해서 설득력의 요소를 찾아보려고 합니다. 세일즈는 어렵습니다. 하지만 프로세스를 충실히 적용하면 세일즈 베테랑 못지않은 멋진 결과를 만들어낼 수 있습니다. 혹시라도 당신이 영업부서에 근무하지 않는다고 해서 이 주제를 소홀히 여겨서는 안 됩니다. 우리가 만들어낸 것을 누군가가 선택해주지 않는다면 우리는 가치를 생산하기 어렵습니다. 이런 면에서 우리는 모두 세일즈를 하고 있는 셈이지요. 의사소통의 핵심은 세일즈 혹은 협상 상황과 다르지 않습니다.

이제 위에 소개한 '코칭이란 무엇인가'의 정의를 세일즈에 적용해보겠습니다. "성공하는 세일즈란 세일즈 패러다임을 가지고, 세일즈 스킬을 적용하여, 세일즈 프로세스를 진행하는 것"입니다.

설득력과 관련된 세일즈의 패러다임과 스킬은 앞장에서 다룬 내용으로 충분하다고 생각하여, 여기서는 프로세스를 살펴보겠습니다. 세일즈의 핵심은 고객을 확인하고 접촉하는 것입니다. 직접 대면하지 않을 수도 있습니다. 다양한 커뮤니케이션 도구가 개발된 오늘날은 만남이 다양한 형태로 발생하기 때문이지요. 형식이야 어떠하든 여전히 핵심은 사람과 사람의 만남입니다. 세일즈 프로세스의 1단계는 누가 나의 고객인지를 확인하는 것입니다.

저는 종종 세일즈 강연에서 수강생들에게 올해 거래를 트고 싶은 잠재 기업 100곳을 정해 놓으라고 요구합니다. 그리고 기업들의 이름을 출력하여 책상 앞에 붙여놓고 매일 그것을 바라보라고 요청합니다. 이것이 효과가 있을까요? 100퍼센트 보장합니다. 효과가 있습니다.

2단계는 친밀감 형성입니다. 만일 당신이 비즈니스를 위해 누군가를 만났다면 그는 당신에 대해서 어떤 생각을 하고 있을까요? 알 수 없습니다만 분명 진정한 당신을 알고 있지는 않을 것입니다. 선입견을 품고 있을 확률이 상당합니다. 의사, 학교 선생님, IT 엔지니어, 스포츠 선수, 예술인, 금융인 등 직업을 이야기하면 우리의 마음속에 각각의 직업에 대한 어떤 이미지가 떠오릅니다. 선입견은 이런 것입니다. 이 선입견은 부정적인 영향을 미칠 때가 더 많습니다. 우리가 해야 할 첫 노력은 선입견을 지우고 상대방이 우리 자신에게 좋은 이미지를 갖게 하는 것입니다.

세일즈 프로세스의 3단계는 니즈needs를 개발하는 것입니다. 상대방이 우리에게 호감을 품게 되었다 하더라도 정작 우리가 제안하려는 상품이나 서비스에는 무관심한 경우가 많습니다. 사람은 자신이 원하는 것을 보여주었을 때 그것을 얻기 위해서라면 하늘이라도 움직이는 존재라는 말이 있습니다. 욕구는 행동의 에너지입니다.

우리 집에는 책이 많습니다. 제 것뿐만 아니라 아이들 책도 제 것만큼 있는 것 같습니다. 어느 날 아내가 저에게 물었습니다.

"여보, 아이들 책을 가격으로 따지면 모두 얼마일 것 같아요?"

글쎄, 얼마나 되길래 아내가 그럴까요?

"천만 원대가 넘어요. 호호."

너무 놀라서 뒤로 넘어질 뻔했지요. 자, 이렇게 된 과정을 들려드리겠습니다. 어느 날 아내는 학습지 선생님의 방문을 받았습니다. 선생님은 아이에게 고가의 적성검사를 무료로 해주겠다고 제안합니다. 아내는 당연히 수락합니다. 학습지 선생님은 다음 주에 아이의 적성검사 결과지를 출력해서 가져옵니다. 그 보고서는 디자인도 우수하며 내용도 충실합니다. 그래프도 멋집니다. 선생님은 아이의 좋은 점을 칭찬합니다. 그리고 전국 평균값과 비교해 우리 아이에게 더욱 개발이 필요한 영역을 언급합니다. 아내는 대단한 관심을 두고 대화에 참여하면서 자연스레 "선생님, 어떻게 하면 좋을까요?" 하고 묻습니다. 선생님은 독서만 한 것이 없다면서 결국은 독서의 양으로 승부가 난다고 말합니다. 그 결과 아내는 수백만 원이 넘는 전집을 구매하게 되고, 그 과정을 여러 번 반복하여 결국은 천만 원 이상의 책을 구매한 것이죠. 필요를 개발하는 것의 위력은 대단합니다. 전문가는 여기서 판가름납니다.

당신은 고객과 친한 사이가 되었고, 당신은 고객이 무엇을 원하고 있는지 정확히 알고 있습니다. 따라서 그 필요를 충족시켜줄 수 있는 무엇을 제안하려고 할 것입니다. 하지만 고객은 당신의 제품에 대해서, 당신이 약속하는 효용에 대해서 확신하지 않을 수 있습니다. 아마도 의심할 것입니다. 세일즈 프로세스의 4단계는 이러한 고객의 의심을 불식시키고 그 결과에 확신을 심어줄 수 있도록 프레젠테이션하는 것입니다.

고객과 친구가 되었습니다. 그가 무엇을 필요로 하는지 알고 있습니다. 그것을 충족시켜 줄 수 있는 제품을 개발하여 효과적으로 제안했습니다. 그렇다면 대부분의 세일즈는 성사될 것입니다. 즉 당신은 당신이 원하는 것을 얻을 것이며 덕분에 상대방도 큰 이익을 얻는, 그야말로 상호 윈윈하는 결과가 만들어지는 것이지요. 그럼에도 결정을 주저하는 고객이 많이 있습니다. 특별히 어떤 이유가 있는 것은 아니지만 일단 주저하는 경우가 많고, 의사결정을 뒤로 미루는 경향이 있습니다. 세일즈 프로세스 5단계는 그러한 고객에게 동기를 부여하는 것입니다. 주저하는 이유를 정확히 확인하여 적절히 대응하고 의사를 결정할 수 있도록 지원해야 합니다.

마지막 단계는 상호 간의 약속이 잘 실행되게 관리하여 결과를 만들어내는 것입니다. 이 6단계가 잘 수행되었을 때 우리는 그 고객과 더불어 갈 수 있는 좋은 파트너가 되는 것입니다. 구매한 고객이 만족하여 재구매하게 하는 것은 비즈니스 성공의 밑바탕입니다.

세일즈는 어렵습니다. 그러나 능숙해지면 많은 기회를 잡을 수 있습니다. 오랜 경험을 통해서 완성된 성공의 프로세스를 단순하게 적용해보세요. 당신이 작성한 기안서가 채택될 것이고 예산을 획득함으로써 실행될 수 있습니다.

가치와 기대

"취미가 무엇입니까?" 하고 물으면 마땅히 대답할 게 없다는 사실이 늘 부끄러웠습니다. 뭘 좀 해봐야겠다는 생각은 여러 번 하는데 도무지 시간이 나질 않습니다.

"역시 일하는 것만큼 즐거운 게 없는 것 같아요. 이렇게나 일이 좋은데 특별히 취미를 더 만들 필요가 있나요?"

이 정도쯤 말하고 나면 듣는 이의 속이 불편해집니다. 그러니 대답할 거리라도 만들자는 생각에 윈드서핑을 배워보자고 다짐했습니다. 한강이 지척에 있는데 그 천혜의 자원을 누려보자는 계산이었지요.

인터넷을 이리저리 뒤져서 뚝섬 어딘가를 찾아갔습니다. 올림픽대로와 강변대로를 그렇게나 많이 운전하면서 지나다녔는데, 그동안 한강에서 윈드서핑을 즐기는 모습은 정말 가끔 본 것 같았습니다. 정작 뚝섬에 와보니 놀라운 세계가 있더군요. 너무도 많은 클럽이 있고, 참 많은 사람이 윈드서핑을 즐기고 있었습니다. 그야말로 남녀노소가 그 힘난해 보이는 스포츠를 즐기고 있었습니다.

많은 염려 중 하나는 과연 한강물에서 놀아도 되느냐는 것이었지요. 물이 깨끗해 보이지는 않으니까요. 윈드서핑 업체의 직원은 2급수라고 하고, 1급수에서 사는 쏘가리도 잡힌다고 했지만 찜찜한 마음은 여전했습니다. 과연 저 조그마한 보드 위에 서서 중심이나 제대로 잡을 수 있을까 하는 염려도 컸습니다. 하지만 태어나서 처음 도전해보는 것이니만큼 꽤 흥미가 동해서 이것저것 구경하는 재미가 좋았습니다.

저를 상담해준 윈드서핑 강사는 스포츠를 즐기는 사람답게 시원시원했습니다. 대뜸 저에게 "구경 왔으니 물에라도 한번 들어가 보자"고 했습니다. 심장이 뛰기 시작했지요. 윈드서핑용 옷과 신발로 갈아입고 부두에 서서 바라보는 한강은 예전의 그 한강이 아니었습니다. 문득 어린 시절의 여름, 알몸으로 뛰어들었던 개울이 생각났습니다. 우선 강물에 풍덩 하고 뛰어들었습니다. 한강에 처음 빠져본 것이지요. 먼저 보드에 올라타기, 그리고 보드 위에서 중심 잡고 서 있기, 양팔을 벌리고 서서 좌우로 보드를 움직이면서 중심 잡기 등을 해보았습니다. 연거푸 물에 빠지고 다시 보드 위에 기어오르는 일을 반복했지요. 약간 익숙해지고 난 후에는 보드 위에 엎드린 채로 노를 젓듯이 양팔을 움직여서 앞으로 나아가는 연습을 했습니다. 최종적으로는 보드 위에 세일을 달고 바람의 힘을 느껴보는 시간을 가졌습니다.

충분히 즐긴 후에 둑으로 올라와서 샤워하고 옷을 갈아입고 나올 때는 마치 자연인이 된 듯한 묘한 느낌을 받았습니다. 얼굴에는 웃음이 멈추질 않았지요. 신기한 모험을 성공리에 마친 어린아이가 느낄 법한 뿌듯함과도 비슷한 감정을 느꼈습니다. 저는 그날 윈드서핑을 배우기로 하고 일 년 치 회비를 지급했습니다. 즉흥적인 저의 성격도 작용했겠지만, 윈드서핑의 묘미에 흠뻑 빠진 것이지요. 또한 상담해준 강사의 태도가 굉장히 만족스러웠습니다. 이것저것 질문하는 제게 그가 '이 사람은 어떤 사람이지? 과연 가입할 사람일까?' 하고 판단하려는 속마음을 가지고 대했다면, 아마도 저는 그날 한 번 둘러본 것으로 만족하고는 좀 더 생각해볼 요량으로 자리를 떴을 것입니다.

세일즈의 전설인 조 지라드 Joe Girard는 자동차 판매 기록으로 기네스북에 등재된 사람입니다. 그의 판매 비결 중 하나는 손님이 직접 차를 시승해보게 하는 것이었습니다. 손님이 사려고 염두에 두고 있는 차를 시승하는 동안 옆에 앉아서 별다른 이야기 없이 그가 차의 성능을 충분히 느껴보도록 배려한다고 했습니다. 가죽의 냄새를 맡고, 엔진의 파워를 시험하고, 새로운 편의 장치를 살피면서 미려한 실내 디자인을 보고 나면 어찌 사람의 마음이 움직이지 않을까요! 그 사람은 집에 가서도 그 차의 냄새를 잊을 수 없습니다. 결국 다음 주에 다시 돌아와 그 차를 계약하고야 마는 것입니다.

사람을 설득하는 핵심은 그가 가치 있게 여기는 것을 보여주고 그것을 얻을 수 있다는 기대를 품게 하는 것입니다. 사람은 가치를 발견하고, 그 가치를 자신이 가질 수 있다는 기대를 품으면 그것을 얻기 위해서 움직입니다. 가치는 없는데 가질 수 있는 것, 또는 가치는 매우 높은데 가질 수 없다고 여겨지는 것에는 동기부여가 되지 않습니다. 2가지 조건이 모두 중요하지요.

산과 들에서 금을 캐는 사람들이 있습니다. 강바닥에서 사금을 채집하기도 하고요. 하지만 일반적으로 대다수 사람이 금을 캐러 다니지는 않습니다. 금에는 큰 가치가 있지만 그것을 발견할 가능성이 매우 희박하기 때문입니다. 산과 들에는 수많은 돌덩이가 있습니다. 하지만 그 흔한 돌을 줍는 사람들은 별로 없습니다. 금과는 반대로 얻기는 쉬우나 가치가 낮기 때문이지요.

가치 있는 것을 얻을 수 있다는 기대를 품게 하는 방법으로 가장 효과적인 것이 경험입니다. 설득 과정의 대부분은 주장하는 바를 증명하는 데 있습니다. 백화점에 가서 우리는 옷을 입어봅니다. 향수를 맡아봅니다. 식료품점에 들르면 시식을 해보는 즐거움을 놓치지 않습니다. 그러고는 결국 "살게요"라고 하지요.

기업은 어떻습니까? 예전에 은행에서는 전산을 차세대 시스템으로 전환하는 대규모 프로젝트를 수행했습니다. 은행마다 수천억 원이 소요되는 엄청난 규모의 프로젝트였습니다. 과연 그 프로젝트를 수주하기 위해 각 IT 컨소시엄들은 어떻게 프레젠테이션을 했을까요? 프레젠테이션에만 소요된 비용이 수십억에 달했습니다. 모두 차세대 시스템의 성능을 실제로 구현해 입증하는 데 사용되었습니다.

사람을 움직이는 일은 모든 이의 관심사지만, 결코 쉬운 일이 아닙니다. 내 맘대로 되질 않지요. 오늘 누군가를 움직여야 합니까? 그렇다면 그가 직접 경험해보게 하세요. 그 가치를 스스로 발견할 수 있도록 배려해보세요. 그리고 얻을 수 있다는 확신을 갖게끔 접근해보세요. 아이디어가 필요합니다만 이러한 방식은 다른 사람들에게 당신을 창의적인 사람으로 인식시킬 것이며, 또한 당신이 사람을 움직일 수 있게 합니다.

필요

협회장으로 출마하는 분의 후보자 연설 준비를 도와드린 적이 있습니다. 후보자에게 주어진 15분의 연설은 회원들의 선택에 큰 영향을 미치게 될 것입니다. 당신이 후보자라면 어떻게 연설문을 작성하겠습니까? 제게 조언을 의뢰하신 분이 건네준 원고를 읽어보면서 우선 구조를 파악해보았습니다. 원고는 인사말과 더불어 후보로 출마하게 되어 감사하다는 표현으로 시작되었습니다. 둘째로 수석부회장으로서 그동안 협회의 발전을 위해 어떻게 헌신했으며, 어떠한 사업을 성공적으로 이끌었는지에 대한 공적을 담았습니다. 세 번째는 선거 공약 소개가 이어졌습니다. 무엇을 어떻게 하겠다는 약속과 더불어 본인을 지지해달라고 호소하고 있었지요. 마지막으로 후보자 자신이 왜 적임자인지를 강조하는 장점을 언급하고 다시 한 번 감사의 인사를 하는 것으로 원고는 끝을 맺었습니다.

  보좌진이 작성해준 원고를 위와 같이 분석해서 구조를 보여주었더니 의뢰인은 매우 흡족해했습니다. 15분 연설을 어떻게 진행해 나갈지에 대한 큰 그림이 그려져서 자신감이 생긴 것이었지요. 다음으로 저는 이미 작성된 원고의 구조가 효과적인지를 의논했습니다. 위에서 소개하고 있는 원고 구조는 상식적이고 무난한 편입니다만 청중의 공감을 이끌어내기에는 적합하지 않다는 말씀도 드렸습니다.

  이제 스피치의 성공 구조를 소개하겠습니다. 청중을 사로잡는 연설의 가장 큰 특징은 첫째로 청중의 필요, 갈증, 아픔을 정확히 언급하는 데 있습니다. 협회장의 자리에 출마하고자 하는 후보라면 당연히 회원사들이 사업을 경영하면서 현재 어떤 어려움과 도전을 경험하고 있는지를 자세히 이야기해야 합니다. 구체적인 사례를 언급해가면서 회원사들의 갈증을 이야기해주는 후보에게 청중은 열렬한 지지를 보내게 되어 있습니다. 어떤 후보자가 적임자인가에 대한 청중의 판단은 후보자의 현실 인식에 얼만큼 공감하는가로 이루어집니다.

  둘째, 연설가와 청중 간에 공감대가 형성되었다면 이제 어떻게 이 도전에 대처할 것인가에 대한 대안과 비전을 제시해야 합니다. 이 비전은 구체적이며 도전적이고 희망적이어야 합니다. 바로 선거 공약이지요. 연설을 듣는 청중은 혼자서 무엇을 하기가 어려워서 낙담하고 있었는지도 모릅니다. 따라서 협회에서 어떤 방식으로 길을 열어나가겠다고 이야기하면서 희망을 주어야 합니다. 사람들은 자신에게 희망을 준 사람을 선택하기 마련입니다.

셋째, 약속한 공약, 즉 제시한 비전을 달성해나가기에 본인이 가장 준비된 적임자임을 강조하고 증명해야 합니다. 증명하는 것이 중요합니다. 과거에 수행한 실적과 헌신을 객관적인 시각으로 당당하게 소개할 필요가 있습니다.

이렇게 저는 의뢰인과 연설의 구조를 파악하고 그것을 조정하여 좀 더 설득력 있는 구조로 설계했습니다. 이 과정에서 후보자는 자신이 왜 이번 선거에 참여하고자 하는지에 대한 본질적인 질문에도 답할 수 있었습니다. 그는 협회와 회원사가 당면하고 있는 도전에 누군가는 헌신해야 한다는 사명감을 가지고 있었습니다.

어느 의과대학 교수의 연설을 들었던 기억이 떠오릅니다. 조찬회에 연사로 초빙된 그분은 정말 필요한 내용만 담고 있는 단순한 파워포인트를 사용했고, 그저 또박또박한 발음으로 이야기했습니다. 하지만 청중의 몰입도와 반응은 대단했습니다. 주제가 청중의 필요를 정확히 반영하는 '만성피로의 원인과 처방'이었거든요. 청중 대부분이 40대 후반에서 70대에 이르는 기업 대표들이어서 모두가 자신의 이야기로 듣고 있었습니다. 의과대학 교수는 연설에서 우리 신체의 부신이라는 장기와 그곳에서 생성되는 호르몬의 종류와 기능을 간단히 소개하고 장기에 문제가 생기면 발생하는 만성피로의 다양한 증상을 말했습니다. 그날 많은 참석자가 그 의과대학 교수가 있는 병원의 진료센터를 방문해서 상담받고 싶어 하는 것처럼 보였습니다. 그 교수는 청중이 필요로 하는 것을 이야기했기에 성공할 수 있었습니다.

저는 이번 장에서 선거에 출마한 분의 사례를 들어서 성공 스피치의 구조를 말씀드렸습니다. 그래서 아마도 당신은 자신과 상관없는 이야기라고 생각하실지도 모르겠습니다. 그렇지 않습니다. 우리는 모두 선택받기를 갈망하고 있기에 모두 후보자입니다. 당신이 혹시 IT에 종사하는 영업대표입니까? 그렇다면 오늘 당신이 제출한 제안서가 경쟁사의 그것을 제치고 선택되어야 하는 절박함이 있겠군요. 혹시 그저 평범한 회사원인가요? 그렇다고 하더라도 의사결정권자인 상사의 마음에 흡족한 기안서를 작성해야 하는 부담을 알고 계실 것입니다. 혹시 어느 회사에 입사지원서를 내려고 준비하면서, 도대체 무엇을 어떻게 작성해야 하나 고민하고 있습니까?

그렇다면 고객의 필요 진술, 해결을 위한 대안 제시, 수행할 수 있는 능력 증명의 구조를 활용해보시기 바랍니다. 무엇보다 중요한 것은 변화의 필요를 정확히 언급하여 청중의 공감을 불러일으키는 것입니다. 청중이 직면하고 있는 필요, 즉 변화와 도전 그리고 새로운 기회에 관해 이야기해봅시다. 그러면 청중은 마음속으로 '당신이 말하려고 하는 대안은 무엇이죠?' 하고 물으면서 당신의 설명을 경청할 것입니다.

9장

협업을 촉진하는 협상 기술

협상

"인간의 욕망은 끝이 없지만 그것을 충족시키기 위한 자원은 한정되어 있다."

경제학 원론의 서문에서 읽었던 내용입니다. 경제학의 연구 분야를 2가지 관점에서 바라볼 수 있는데 첫째는 한정된 자원을 이용하여 최대한 보다 좋게, 보다 많이 생산하는 것이며, 둘째는 모두가 행복할 수 있도록 공정하게 배분하는 일입니다. 어떻게 하면 2가지의 중요한 목적을 달성할 수 있을까요?

방법의 하나는 협상을 잘하는 것입니다. 우리는 매일 하루도 거르지 않고 협상을 한다고 해도 과언이 아닙니다. 우리의 욕구는 무한정에 가깝지만 가지고 있는 것은 적으며, 따라서 필연적으로 누군가와 그것을 나누어 가져야 합니다. 미성숙한 상태에서는 서로 다투기 마련입니다.

제가 20대였을 때의 일입니다. 어린 조카 둘이 재미있게 놀고 있었습니다. 저는 그들을 위해서 가전제품 포장박스에서 나온 스티로폼을 다듬어 조그맣고 조잡한 칼을 하나 만들었습니다. 그러곤 한 조카 아이에게 칼싸움 시늉을 하며 건넸습니다. 아이는 아주 좋아했고 그것을 오빠에게 자랑했습니다. 이 이야기가 어떻게 끝이 났을지 상상하실 수 있겠습니까? 두 조카는 서로가 그 칼을 소유하겠다고 다투기 시작했고 급기야 한 아이가 울기 시작했습니다. 이 일은 아빠가 직접 개입하여 두 아이를 나무라고 또 스티로폼 칼을 분질러서 쓰레기통에 버리는 것으로 일단락되었습니다.

위 이야기는 우리가 매일 협상을 하면서 살고 있음을 재미있게 전달하기 위해 소개했습니다. 그러나 한편으로는 협상의 의미를 제한한 것은 아닐까 염려됩니다.

협상은 크게 2가지 종류로 나눌 수 있는데, 경제학 연구의 2가지 관점과 크게 다르지 않습니다. 첫째는 파이를 만들기 위한 협상이며, 둘째는 파이를 나누어 가지기 위한 협상입니다.

함께 무엇을 만들고 나누는 2가지 과정은 공동 의사결정이라는 활동으로 이루어집니다. 물론 이렇게만 표현하는 것이 무리일 수 있지만 본질적인 것을 강조하기 위해 기타 요소를 단순화했습니다.

우리가 가진 자원은 매우 한정되어 있습니다. 따라서 동일한 투입물을 가지고도 더 많이, 더 좋게 만들려는 노력은 가치가 있습니다. 혼자서도 할 수 있다면야 협상이 불필요하지만 대개 서로 힘을 합하면 훨씬 더 많은 것을 생산할 수 있습니다. 함께 일하고자 한다면 서로의 의견이 일치해야 합니다. 단순한 의견 일치라기보다는 함께 논의하는 과정에서 더욱 창조적인 아이디어를 만들어내고 구체화해가는 것을 말합니다.

수백 명의 석·박사급 연구원들이 근무하는 우주개발연구소를 상상해보세요. 하나의 탐사 프로젝트를 개발하고 수행하는 데 들어가는 예산과 시간은 우리의 상상을 뛰어넘을 만큼 엄청납니다. 그 연구소의 성과는 연구 인력들의 탁월함에 좌우될 것입니다. 더욱 구체적으로 말해보자면 그들 간의 상호작용에 그 결과가 달려 있다고 말해도 과언이 아닙니다. 실제로 나사(미국항공우주국)에서는 실패한 우주개발 프로젝트의 원인을 분석하는 과정에서 연구원들 간의 인간관계와 의사소통에서 문제점을 찾고는 그에 대한 대책을 마련하여 시행했습니다. 우리가 잘 알고 있는 인간관계, 의사소통, 코칭에 관한 교육이 천문학적 예산이 투입되는 프로젝트의 실패 원인에 대한 대책이었다니, 놀랍지 않습니까?

파이를 나누는 과정에서 합의된 의사결정의 중요성은 더 말할 필요도 없겠지요. 협상은 공동 의사결정 과정입니다. 더 크고 좋은 파이를 만들기 위한 협업의 활동이며 그것을 공정하게 나누는 거래의 과정입니다. 우리가 알고 있고 경험하는 수많은 갈등이 여기에서 시작됩니다. 갈등을 해결하는 성공적인 협상가는 협상에 대한 올바른 패러다임을 가지고 있습니다. 협상을 제로섬게임의 파이 나누기처럼 공격적인 것으로 본다면 일회적으로는 이익을 볼 수도 있지만, 바위에 뿌리를 내린 씨앗처럼 금방 말라버리고 말 것입니다. 손해를 보았다고 생각하는 상대방이 협력할 리 만무하며, 두 번 다시 유사한 실수를 반복하려 들지 않기 때문입니다. 또한 성공적인 협상가는 효과적인 프로세스를 운영합니다. 그 프로세스는 결과가 검증된 것입니다. 그것을 준수하면 표준 이상의 좋은 결과를 획득할 수 있습니다.

협상은 일반적으로 크게는 준비와 대화라는 2단계, 세부적으로는 4단계를 거칩니다. 그 4단계란 첫째, 협상의 이슈와 상황을 명확히 하는 것입니다. 이슈별로 달성하고자 하는 목표에 대하여 얻고자 하는 최대의 기대치와 최소한의 기대치를 결정합니다. 방향이 올바르게 정해졌다면 절반은 성공한 셈입니다.

둘째, 상대방을 이해하는 것입니다. 협상 사안과 협상 대상자에 관하여 정보를 수집하고 조사해야 합니다. 특히 상대방의 입장이 무엇일지를 파악하려고 노력하되 그 이유도 알려고 노력해야 합니다. 분명 우리의 요구와 상대방의 요구는 서로 충돌할 것입니다. 서로의 이익을 확보할 수 있는 창조적인 대안을 많이 만들어야 합니다. 그렇게 하기 위해서는 그들이 왜 그러한 요구를 하는지, 그 속에 숨겨진 욕구는 무엇인지 이해하도록 노력해야 합니다.

셋째, 함께 만나 서로의 입장과 의견을 나누는 것입니다. 대화에서 중요한 것은 상호 간의 신뢰와 친밀감입니다. 싸워서 이겨야 할 전쟁이라면 친밀감 따위는 필요 없을 것입니다. 하지만 서로서로 필요로 하는 존재라면 친밀감은 매우 중요해집니다. 얻고자 하는 바를 강하게 주장하기보다는 상대방의 입장에 순수한 관심을 두고 질문해보세요. 말을 많이 하기보다는 경청하고 주의 깊게 질문하면서 대화를 이끈다면 상대의 협력을 좀 더 잘 얻을 수 있습니다.

넷째, 의사결정입니다. 의사결정은 실행을 전제한 것이므로 명확해야 합니다. 만일 합의에 이르지 못했다 하더라도 이후의 조처와 추가적인 대화에 대해서 여지를 남겨두는 것이 좋습니다.

원하는 것을 얻기 위해서는 사람을 다루는 능력이 필요합니다. 사람의 마음과 생각을 이해하고 다룰 수 있어야 합니다. 그 일을 개인적인 카리스마로 해결하려고 하지 말기 바랍니다. 오히려 성공적인 협상가는 효과적인 스킬을 활용하여 프로세스를 진행합니다.

오늘도 우리는 누군가와 더불어 무엇을 함께 만들고 함께 나눌 것입니다. 당신이 얻고자 하는 바를 강하게 주장하는 데에만 급급하면 유치원생처럼 미성숙해 보일 뿐입니다. 상대의 욕구를 이해하고자 노력하고 공감하려는 자세가 중요합니다. 그리고 창의적인 대안을 제시해보세요. 당신은 탁월한 협상가가 되어 얽힌 문제를 해결할 수 있습니다.

회의

회사의 가장 중요한 자원은 사람, 즉 직원이라고 강조하는 것을 여러 차례 들어보았을 것입니다. 자원은 어떤 일을 하는 데 필요한 그 무엇을 의미합니다. 그렇다면 사람의 무엇을 자원의 개념으로 바라보았을까요? 아마 육체 노동력도 중요한 자원의 하나일 것입니다.

어느 날, 오후까지 강의하고는 한 시간 정도 이동해 저녁에 또 다른 강의를 해야 하는 빡빡한 일정을 소화해야 했습니다. 불가피하게 햄버거로 저녁을 때웠지요. 그것도 혼자서요. 혼자 앉아 있노라면 심심하기는 하지만 주변의 사물과 움직임을 자세히 관찰해볼 좋은 기회이기도 합니다. 저는 호기심이 들어 햄버거 가게 주방 안에서 바삐 움직이는 직원들의 움직임을 관찰해보았습니다. 고객의 주문을 받자 훈련받은 직원들은 세밀하게 짜인 매뉴얼로 주방 안에서 여러 기계를 조작해가며 열심히 햄버거를 만들어냈습니다.

이처럼 사람의 육체 노동력은 회사가 운영되는 데 매우 중요합니다. 하지만 이러한 육체 노동력만으로 사람을 중요한 자원이라고 표현했을 것 같지는 않습니다. 아무래도 많은 자본이 투입된 기계, 플랜트, 컴퓨터, SI(System Integration, 시스템 통합) 등이 대신할 수 없는 그 무엇을 사람만이 할 수 있지 않을까요? 아마 육체의 힘이 아닌 머리와 가슴으로 수행하는 일일 것입니다.

직원들이 머리를 쓰고 열렬한 헌신으로 일할 수 있도록 동기를 부여하기 위해서 종종 아이디어 회의를 개최하여 의견을 수렴합니다. 하지만 많은 회의가 기대와는 다르게 진행되지요. 참가자들은 이상하게도 의견 내놓기를 주저하며 조용히 앉아 있고, 결국 침묵에 부담을 느낀 부서장이 말을 시작하면 기다렸다는 듯이 노트를 펼치고는 메모하지 않습니까?

합병을 앞둔 회사가 있었습니다. 합병은 직원들에게 매우 심각한 스트레스를 안겨줍니다. 온갖 루머가 돌아다니고 불필요한 긴장과 갈등이 초래되어 소중한 직원을 잃어버리거나 일상적인 업무조차 영향을 받아 생산성이 떨어집니다. 그래서 이 회사는 합병을 준비하는 데 직원들을 참여시키기로 했습니다. '합병을 어떻게 대비해야 하는가'라는 주제로 아이디어 회의를 개최했지요.

이날 회의 진행자는 매우 현명한 사람이었습니다. 먼저 사람들에게 우리가 원하는 합병의 모습이 무엇인지 구체적으로 이야기해달라고 요청했습니다. 다양한 의견이 충분히 제시되었다고 느꼈을 때 회의 진행자는 서기가 받아 적은 모든 의견을 읽어준 후 우리가 달성해야 하는 합병의 이상적인 모습을 가장 잘 표현한 3가지 조건을 결정해보자고 요청했습니다. 그리 어렵지 않게 의견이 모였습니다. 이 과정에서 참여자들은 합병에 약간의 기대감을 품기 시작했습니다.

두 번째 단계로 회의 진행자는 이러한 이상적인 합병이 결코 쉽게 달성되지 않으리라고 언급하면서 왜 어려운지 그 이유를 알아보자고 했습니다. 이상적인 결과 달성을 방해하는 문제들과 해결해야 할 난제들이 무엇인지 모른다면 목표를 달성하기 어렵기 때문이지요. 먼저 서로의 의견에 비판하거나 반대하는 등의 행동은 일절 금지한 상태에서 사람들의 의견을 수렴했습니다. 서기는 모든 의견을 잘 기록했습니다. 충분히 의견이 개진되었다고 판단되었을 때 회의 진행자는 모든 의견을 읽어주면서 이 중에 무엇이 가장 핵심이 되는 문제인지를 생각해보자고 요청했습니다. 2가지의 핵심 문제가 선정되었습니다.

세 번째 단계로 회의 진행자는 우리가 지목한 이러한 문제들을 어떻게 하면 극복할 수 있는지 절묘한 아이디어가 필요하다고 이야기했습니다. 그는 5분간 침묵의 시간을 설정했습니다. 참여자들은 아무런 대화 없이 조용히 자신이 의사결정자라면 무엇을 어떻게 하여 그 문제를 해결할 것인지 생각하고 적어보는 시간을 가졌습니다. 5분 후에 회의 진행자는 사람들의 의견을 물었습니다.

"어떻게 하면 이 문제를 해결할 수 있을까요?"

5분간 침묵하면서 아이디어를 적어보았던 사람들은 차례로 의견을 개진했습니다. 각각의 의견에 진행자가 칭찬하고 촉진하자 정말 많은 실행 아이디어가 쏟아져 나왔습니다. 회의 진행자는 서기로 하여금 의견들을 잘 기록하게 하면서 동시에 유사한 의견들을 구별해서 모으는 그룹화 작업을 병행했습니다. 이 시간에 절대로 타인의 의견을 비판하는 등의 행동은 하지 못하도록 주의를 환기하면서 말이죠.

마침내 최선의 아이디어를 선정하는 의사결정의 시간을 가졌습니다. 의사결정을 위해서 각각의 아이디어들을 분석하고 평가할 필요가 있었습니다. 당연히 비판적인 발언들도 오가게 되었고 뜨거운 논의가 펼쳐졌습니다. 그러한 끝에 실행 아이디어가 결정되었고, 추진 팀을 결성해서 그들에게 위임하기로 한 후 회의는 마무리되었습니다. 결국 회의 진행자는 참여자들의 머리와 마음을 얻을 수 있었습니다. 그날의 결정은 일방적인 지시와 통보가 아닌 그들 모두의 의견이 담긴 것이었습니다.

똑똑한 리더가 단독으로 내린 결정은 수준이 높고 대단히 신속해 보이지만 실행 과정에서 많은 갈등을 가져오기 마련입니다. 실행의 주체들이 그 내용을 충분히 이해하지 못하며, 더욱 중요한 것은 책임감을 느끼지 못하기 때문입니다.

만일 당신이 업무 협의를 진행하는 주체라면, 먼저 원하는 결과를 분명하게 묘사하는 시간을 가져보세요. 그리고 목표 달성에 가장 큰 장애물이 무엇인지 도출한 후 어떻게 하면 그 문제를 해결할 수 있는지, 다른 사람들의 아이디어를 모아보세요. 이런 방식의 회의로 당신은 직원의 육체 노동력뿐만 아니라 머리와 마음까지도 얻을 수 있습니다.

메시지의 숨은 의미

"사랑해"라는 말이 계속 반복되는 광고를 보신 적이 있나요? 등장인물들이 똑같이 "사랑해"라고 말하지만, 화면 아래의 자막에서 엿보이는 속마음은 모두 달랐습니다. '미안해, 내가 잘못했어.', '용돈 떨어졌어.', '딴 여자에게 눈길 주면 혼난다!', '평생 나와 함께 할 거지?' 등 실제의 뜻은 가지각색이었지요.

이처럼 단순하게 생각해보아도 메시지에는 언어로 표현되는 직접적인 내용 이상의 다양한 함의가 있습니다. 소통을 잘하는 사람은 메시지에 이처럼 다양한 함의가 있다는 것을 알고 있어서, 메시지를 전달할 때도 그것을 고려하여 명확하고 솔직하게 표현하며, 남의 이야기를 들을 때도 여러 함의를 고려하여 사려 깊게 공감하며 듣습니다.

메시지는 4가지 측면에서 바라볼 수 있습니다. 첫째는 언어로 표현되는 내용입니다. 국회 혹은 법정에서 진술된 중요한 이야기들을 그대로 적어 놓은 속기록에 해당하는 것이지요. 상대방이 알아들을 수 없는 외국어 혹은 어려운 전문 용어를 사용해 이야기하면 소통에 실패할 것입니다. 또한 논리가 취약한 구조로 이야기하면 앞뒤가 연결되지 않아 도대체 무슨 말을 하려고 하는 것인지 이해할 수 없을 것입니다. 메시지의 내용적 측면에서 중요한 것은 과연 이해할 수 있는가입니다. 당신이 이야기하면 사람들은 그것을 잘 알아듣습니까?

두 번째 측면은 감정입니다. 우리는 말하면서 본인이 원하든 원하지 않든 자기 자신을 노출합니다. 사실 말을 하지 않고 가만히 있는다고 하더라도 우리 자신을 노출하고 있습니다. 감정 표현을 풍부하게 할 줄 아는 사람의 이야기를 듣다 보면 자연스레 그 이야기에 몰입하는 우리를 발견합니다. 드라마 혹은 영화 등에서 당신의 시선을 사로잡는 배우들을 생각해보세요. 그들의 대사는 살아 있습니다. 어쩌면 그리도 감정을 잘 표현하는지 감탄스러울 정도이지요. 감정의 측면에서 중요한 요소는 솔직함과 공감입니다. 자신을 노출하기 두려워하는 사람들이 있습니다. 혹시 당신은 그렇지 않나요? 소통은 자신을 보여주는 것입니다. 오늘도 사람들과 많은 이야기를 나누겠지요. 자신의 감정을 잘 느껴보고 그것을 솔직하게 표현해보세요. 반대로 다른 사람의 감정에도 잘 공감하려는 노력을 해보세요.

세 번째 측면은 관계입니다. 두 사람이 서 있는 자세만 보아도 우리는 그들이 어떤 사이인지를 추측할 수 있습니다. 예를 들어 당신이 한 회사의 사무실에 방문했습니다. 그 공간에서 일하고 있는 사람들이 일하며 주고받는 대화를 엿듣다 보면 당신은 이 회사의 직원들이 어떤 관계로 맺어졌는지 쉽게 알아챌 수 있을 것입니다. 마찬가지로 당신이 누군가를 만나서 이야기하면 상대방은 즉시 당신이 자신을 어떻게 생각하는지 느낍니다. 그리고 그 느낌은 매우 큰 영향을 미칩니다. 관계의 측면에서 중요한 것은 존중입니다. 사람을 만나 대화할 때, 당신은 상대방에게 충분한 존중의 표현을 하십니까? 혹시 상대방이 '이기적인 사람이로구나', '좀 무례하군', '나를 무시하는 것 같네' 하고 생각하게 만드는 치명적인 오류를 범하지는 않는지요?

네 번째 측면은 의도입니다. 앞서 소개한 광고의 자막에서 보인 진짜 속마음과 같은 것이지요. 정말 하고 싶은 말이 있지만 우리는 그것을 그대로 표현하지 못하는 경우가 많습니다. 일본에서는 문화적으로 자신의 속마음을 그대로 표현하지 않고 상대방이 알아듣기를 기다리는 것이 예의라고 합니다. 일례로 장성한 자식이 사정이 어려워져서 아버지를 찾아갔는데, 정작 돈을 달라는 이야기는 하지 않고 그냥 이런저런 이야기를 나누다 왔다고 합니다. 물론 어머니는 아들이 방문한 이유를 눈치채고 얼마의 돈을 마련해주었지요. 이 같은 경우라면 요구 사항을 분명히 밝히는 게 서로 불편할 수 있으므로 이심전심으로 알아듣고 배려해주는 것이 아름답게 보입니다.

하지만 심각한 것은 일을 처리하는 과정에서 어떤 의견을 말할 때, 도대체 무엇을 하자는 것인지를 알아들을 수 없게 이야기하는 경우입니다. 계속 부연 설명해서 보완하려고 하지만 점점 더 미궁에 빠져들기까지 하지요. 당신이 주장하는 의도는 간결하고 분명한가요? 혹은 누군가와 대화하면서 분명한 결론에 도달하기 위해서 노력하고, 상대방이 정말 무엇을 원하고 있는가를 이해하려고 노력하나요? 메시지의 의도라는 측면에서 중요한 점은 목적 지향적이어야 한다는 것입니다.

복잡하게 느껴지나요? 이해하면 충분히 활용할 수 있습니다. 당신이 오늘 하는 말에는, 그리고 누군가가 한 말에는 내용, 감정, 관계, 의도가 혼합되어 있습니다. 그러므로 말할 때는 좀 더 신중하고 정확하게 말해야 합니다. 들을 때는 상대방이 부지불식간에 표현하는 이러한 4가지 측면의 메시지를 모두 잘 알아듣고 그의 말에 공감하며 경청해야 합니다. 그러면 당신은 소통의 달인이 될 수 있습니다.

4부
친밀감

고맙다고 하는 사람에게 더 신경 쓰고 주고 싶은 게 사람의 마음이다

당신은 오늘도 무척이나 바쁠 것입니다. 하지만 당신의 사람들과
함께 이야기하고 웃는 시간을 포기하지 마세요.

10장

소홀히 여겨지는 가장 큰 자산

호감

오늘날 가장 큰 자산은 무엇일까요? 부동산일까요? 세계적인 특허 혹은 석유자원일까요? 아니면 법을 만들거나 집행할 수 있는 권력일까요? 물론 앞서 나열한 요소들을 가지고 있다면 큰 자산을 보유하고 있는 게 맞습니다. 그렇다고 해도 '이것'이 빠져 있다면 한낱 신기루에 지나지 않습니다. 바로 '사람들의 호감'입니다. 사람들의 호감은 대단한 힘이자 재산입니다. 쉽게 생각해보면 가수, 영화배우, 예술인 등은 모두 사람들이 좋아하는 정도에 따라서 성공과 부의 수준이 결정됩니다. 지금의 정치인이야 당연히 인기가 곧 힘이지요. 절대왕권을 가진 옛날의 왕조차도 민심을 얻지 못하면 권력의 자리에서

쫓겨났습니다. 오늘날의 기업은 어떠하며 제품은 어떠합니까? 모두 고객의 호감을 얻기 위해 온갖 노력을 하고 있습니다. SNS(소셜네트워크 서비스)가 바꾸어 놓은 오늘날의 세상은 호감, 비호감의 영향력이 더욱 커져서 모든 기업과 조직이 행여나 불미스러운 일로 미운털이 박히지 않을까 조심하는 세태가 자리 잡았지요.

각 분야에서 성공한 사람들의 이야기를 들어보면, 대략 3가지로 성공 요인을 나눌 수 있습니다. 하나는 자신의 실력이요, 다른 하나는 주변 사람들의 도움이요, 마지막 하나는 하늘의 도움입니다. 하늘의 도움은 인간의 영역이 아니니 빼고 생각해볼까요.

세계적인 심리학자 다니엘 골먼Daniel Goleman은 성공 요인을 새의 날개에 비유해 이야기했습니다. 두 날개의 균형이 깨진 새가 하늘을 잘 날 수 없으리라는 사실은 자명합니다. 그래서 그는 새의 두 날개처럼 균형 잡힌 발달을 강조했는데, 균형을 유지하는 하나의 날개를 '사고력'이라고 칭했고 다른 날개를 '감성력'이라고 칭했습니다. 감성력은 사람을 이해하고 다른 사람들과 잘 지내는 능력이며, 나아가 사람을 움직일 수 있는 능력입니다.

우리도 감성력의 중요성을 알고 있습니다. 하지만 사람들의 평소 생활을 보면 머리로만 알고 있지 정작 그 중요성은 모르는 게 분명해 보입니다. TV에 자주 얼굴을 비쳐야 하는 연예인이나 이제 막 사랑을 시작한 연인들, 그리고 물건을 직접 팔아야 하는 영업사원 정도만 어떻게 하면 상대방이 나를 좋아하게 만들까를 고민하고 노력하는 것 같습니다. 보통은 다른 사람이 나를 좋아하게 만드는 일은 매우 중요한데 그것을 아예 무시하거나 혹은 반대로 두려워하기도 합니다. 현대인이 깨끗한 피부와 매력적인 이목구비, 패션이나 향수 등에 얼마나 관심이 대단하지를 보면, 타인이 나를 좋아하게 하는 것의 중요성을 절감하고 있는 것처럼 보입니다. 그런데 실상 다른 사람을 대하는 태도와 행동을 보면 전혀 그렇지 않습니다. 왜곡된 것이지요.

가정에서도 가족이 나를 좋아하게끔 노력해야 합니다. 그런 노력은 사랑을 구걸하는 것도 아니고 사랑을 조건화시키는 것도 아닙니다. 오히려 가족 구성원에 대한 배려에 가깝습니다. 직장에서는 함께 일하는 동료가 나를 좋아하게끔 노력해야 합니다. 그것은 비겁한 술수이거나 혹은 정치적인 행위가 아닙니다. 오히려 나 혼자서 할 수 있는 일은 별로 없음을 깨닫고 다른 사람들과 함께하는 과정에 적극 참여하려는 공동체 정신이 발현된 것입니다. 또한 내가 하는 일의 가치는 타인이 느끼는 효용의 수준으로 결정된다는 것을 알고 있는 고객 서비스의 철학입니다. 그러니 이 글을 읽다가 지금부터라도 '사람들이 나를 좋아하게끔 노력해야지' 하고 생각하셨다면, 잘하셨습니다. 그것이야말로 함께 살고 함께 일하는 사람들에 대한 중요하고 가치 있는 예의입니다.

어느 날, 아이에게 "친구들이 너를 좋아하게 하려면 무엇을 하면 좋겠니?"라고 물어보았습니다. 때때로 아이의 대답은 너무도 단순하고 꾸밈없이 정답을 말해줍니다. 여기 그 2가지 비법을 소개합니다. 매우 쉬우면서도 엄청난 위력이 있습니다.

첫 번째 비법은 환하게 웃는 것입니다.

어느 대기업 부장님의 이야기입니다. 그에게는 중학교에 다니는 딸이 있습니다. 주말에 딸과 함께 있던 아빠는 딸에게서 생각지도 못한 이야기를 들었습니다.

"아빠는 회사에서 왕따 맞지?"

부장님은 "뭐라고? 아니, 얘가 버릇이 없어도 유분수지 아빠에게 못하는 소리가 없어!" 하고 버럭 화를 내려는데, 딸아이는 "아빠, 거울을 보세요. 그런 얼굴을 하고 있으면 아무도 아빠를 안 좋아해요"라고 말했습니다. 그는 기가 막혔지요.

딸의 말을 흘려들으면 그만이었겠지만 그럴 수가 없었습니다. 화장실에서 일을 보다 거울에 비친 자신의 얼굴과 마주쳤거든요. 그는 물끄러미 자신의 얼굴을 들여다보았습니다. 그러고는 왠지 서글퍼졌고 두려움이 다가왔습니다. 그 사건을 계기로 그는 진심으로 미소를 짓고 웃는 연습을 시작했습니다.

다산 정약용 선생은 자녀에게 보내는 편지에서 사람을 만날 때 낯빛을 공손히 하라고 가르쳤습니다. 데일 카네기는 강아지에게서 배우라고 조언했습니다. 꼬리를 힘차게 흔들며 반가워하는 강아지를 보노라면 절로 웃음이 피고 팽팽하게 잡아 당겨졌던 신경이 느슨해지는 것을 느낍니다. 만나면 반가워하고 환한 미소를 건네는 사람을 어찌 좋아하지 않겠습니까?

　사람들이 당신을 좋아하게 하는 두 번째 비법은 순수하고 진심이 담긴 칭찬입니다. 저는 강의를 합니다. 강의하고 난 후 받는 강사료가 저의 주된 소득원입니다. 직장인이 월급날을 기다리듯이 저 역시 강의를 마치면 강사료 받을 날을 기다립니다. 얼마의 세금이 공제된 강사료가 통장에 입금된 것을 보면 참 기분이 좋습니다. 그리고 내게 강의를 의뢰하고 잘 경청하고 이렇게 강사료를 보내주는 고객이 있기에 더욱 열심히 일할 의욕이 솟아납니다.

　간혹 강사료 지급을 뒤로 미루는 회사가 있습니다. 언젠가 이런 일도 있었습니다. 고객의 사업장이 있는 전국의 도시를 순회하며 한 달간 열심히 강의했습니다. 월말이 되어 대략 강사료를 계산해보았습니다. 강의한 시간이 모두 몇 시간이고, 날 수가 이 정도 되니 이번 달 소득은 얼마겠거니 하고 예상을 해보는 거지요. 그런데 월말이 되어도 통장에 돈이 들어오질 않았습니다. 담당자에게 확인해보니 회사의 정책상 청구일로부터 90일 뒤에 지급한다는 답을 들었습니다.

　"90일 뒤요? 아니 그럼 3개월 뒤에 받는 거예요?"

　한 달을 열심히 일했는데 3개월 뒤에나 급여를 받게 된다니 맥이 쭉 빠졌습니다. 남아 있는 일정을 열심히 소화할 의욕이 생기질 않더군요. 강사는 평판으로 먹고삽니다. 강의를 망쳐서는 안 됩니다. 그래서 부끄럽지만 욕먹지 않을 만큼만 해야지 하는 마음으로 남은 강의를 진행했던 기억이 있습니다.

칭찬은 급여와 같습니다. 급여를 받지 못하면 일할 기운이 나질 않지요. 자신의 노력을 인정해주는 사람이 없는 환경에서는 의욕을 내기 어렵습니다. 천하장사라도 밥을 먹어야 힘을 쓰듯이 당신이 계속 무관심한데 어찌 상대가 당신을 위해서 열정을 가지겠습니까? 사람들이 나를 위해서 일하게 하면 좋겠다, 혹은 사람들의 도움을 많이 받았으면 좋겠다는 생각이 들고, 한 사람의 일손이라도 아쉬울 때가 있습니다. 당신이 돈 많은 사람이라면, 얼마를 줄 테이니 나를 위해 일해달라고 할 수도 있습니다. 그러나 아무리 돈을 주고 일을 시킨다고 해도 칭찬이 빠지면 그 사람으로부터 진정한 열의를 이끌어내지 못합니다. 하지만 설사 돈이 없다고 하더라도 칭찬이 있으면 상대방의 열렬한 도움을 받을 수 있습니다. 칭찬에는 그런 힘이 있습니다. 이것이 사실인지 거짓인지는 우리 자신의 마음을 들여다보면 금방 알 수 있습니다. 누군가가 나의 도움이 필요하다고 이야기하고 진심으로 감사해한다면 우리는 상황이 허락하는 한 기꺼이 더 도와주고 싶은 마음이 듭니다.

몇 년 만에 강화도에 살고 계신 이모를 뵈러 간 적이 있습니다. 이모는 전원주택을 마련하여 새로 이사한 상태였지요. 집은 아담하고 예뻤습니다. 실내에는 누군가의 붓글씨 작품이 여러 점 걸려 있었습니다. 관심 있게 보는 저에게 이모는 이모부의 작품이라고 알려주었지요. 기억을 곰곰이 더듬어보니, 15년 전 신문을 펼쳐 놓고 심심풀이 삼아 한자 공부를 하시던 이모부의 모습이 떠올랐습니다.

"와, 이모부 대단해요. 그때의 실력이 이렇게 발전하신 거예요?"

저는 스마트폰을 꺼내어 이모부의 작품을 사진에 담았습니다. 그리고 무슨 뜻인지를 여쭈었습니다. 평소 과묵하시던 이모부는 활달하게, 이 작품은 초서체로 쓴 것이고 저 작품은 김정희 선생의 추사체로 쓴 것이라는 등의 설명을 해주셨습니다. 그러고는 윤봉길 의사의 기념사업 대회에서 입상한 작품을 제게 선물로 주셨습니다. 이모부는 진심으로 자신의 작품을 좋아하고 자랑스러워하는 조카가 좋으셨던 것입니다.

우리는 새해 인사를 두 번 합니다. 양력으로 새해를 맞으면서 한 번, 음력으로 새해가 시작되면 또 한 번 인사합니다. 저는 신정보다는 구정이 좋습니다. 우리의 전통을 중요하게 여겨서라기보다는 음력설이 진짜 새해가 시작됨을 온몸으로 느끼게 하기 때문입니다. 위력이 대단했던 시베리아의 고기압도 구정이 가까워져 오면 슬며시 누그러지기 시작합니다. 새로운 봄이 멀리서 달려오고 있다는 것을 감지하지요. 그러다 이미 우리 주위에 봄이 와 있다는 것을 깨닫습니다. 생명의 기운과 희망을 찾기 어려운 겨울을 보내고 있는 우리에게 새로운 봄의 희망이 시작되고 있다는 작은 신호를 느끼게 해주는 때가 바로 구정 무렵입니다.

저의 작은 사무실에는 이름 모를 난이 하나 있고 칼랑코에 화분이

3개 있습니다. 난의 이름을 모르는 이유는, 지인의 사무실에 갔다가 축하 인사로 받은 난이 많아 처리하기 곤란하니 하나 가져가라고 해서 가져온 것인데 이름표가 없어서 그렇습니다. 칼랑코에는 직원이 사무실에 두려고 사온 것인데 이름표가 붙어 있었습니다. 이처럼 식물을 가꾸는 일에 아는 것과 관심이 적은 사람이지만 그래도 사무실에 있는 생명이니 '죽지 말고 잘 자라다오' 하는 마음이 들더군요. 물을 주어야 하는 적절한 때를 배웠다가 기억해서 종종 분무기로 물을 뿌려주고 있습니다.

유난히 추위가 심한 겨울을 지나면서 이름 모를 난과 칼랑코에는 제 사무실에서 혹독한 시련을 겪었을 것입니다. 낮에야 사무실에 사람이 있고 그래서 난방이 되지만 저녁이 되어 모두 퇴근하면 어떻겠습니까? 더욱이 주말과 연휴에는 영하 기온에 그대로 노출되니 오죽 힘들었을까요. 그런데 정말이지 기특하게도 이 두 녀석이 얼마 전부터 꽃을 피우려고 봉오리를 맺고선 아름다운 자태를 자랑하고 있습니다.

화분은 햇볕이 들어오는 창가에 두었습니다. 해가 사무실을 비추는 시간은 얼마 되지 않지만, 그래도 하루에 두어 시간 동안 해를 보면 식물이니 당연히 좋겠다 싶어서지요. 푸른 잎 주변에 하얀 테두리를 하고 고귀한 기품으로 서 있는 이름 모를 난과 푸른 생명력으로 가득 찬 어린아이 같은 칼랑코에는 마치 해바라기처럼 창가의 해를 따라 확연히 기울어진 채 꽃을 피웠습니다. 그 모습에서 흡사 마음 깊이 사모하여 해를 따르려는 간절함이 묻어나서 제 얼굴에 미소가 번졌습니다.

꽃을 보며 "기특하구나" 하고 말하면서 웃다가, 문득 쓸쓸해졌습니다. 이들이 해를 따르는 것처럼 나를 따르고 좋아하는 사람이 있을까 싶은 생각이 들어서입니다. 하지만 곧 힘을 내었습니다. '해 같은 사람이 되어야지'라는 다짐도 하고요.

이제 곧 문을 열고 동료가 하나둘 출근할 것입니다. 아침 햇살처럼 환하게 웃으며 인사를 건네야겠습니다. 어떤 동료는 오후에 보고서를 들고 와서 제게 검토를 부탁할 것입니다. 미진한 부분이 눈에 띄겠지요. 순간 "너는 2퍼센트 부족한 게 탈이야, 이렇게 고쳐봐"라는 말이 먼저 나올지도 모릅니다. 하지만 가능한 한 환하게 웃으며 "그래, 무엇을 도와줄까?" 하며 맞이하고, 보고서를 작성하느라 고생했다는 말을 먼저 하고 싶습니다. 또 내용을 검토하면서 일부러라도 잘한 것을 찾아서 칭찬해주겠습니다. 그런 뒤에는 무엇을 수정하면 더 좋은 보고서가 될 수 있는지도 알려줘야겠지요.

예쁜 꽃을 피운 이름 모를 난과 칼랑코에가 우리에게 말을 건넵니다.

"해처럼 빛나는 얼굴을 가지세요. 그러면 사람들이 당신을 향해 몸을 기울이고 화사한 꽃을 피울 거예요."

쿠션

누군가 당신을 화나게 한다면 어떻게 대응하십니까? 리더의 덕목에 관한 강의를 하면서 "많이 웃고, 자주 칭찬하세요"라고 권유하면 어떤 사람은 종종 그것이 쉽지 않은 현실적인 이유를 제시합니다. 주변의 환경이 도무지 웃을 수 없고 칭찬하기 어렵다고 말하면서요. 직장 생활에서 일이 힘든 진짜 이유는 일의 난도가 아니라 함께 일하는 사람들과의 상호작용 때문임을 누구라도 잘 알고 있습니다. 대학생들 사이에 도는 씁쓸한 유머를 들어보셨나요? 학기 중에 팀 프로젝트를 진행하면서 배우는 것은 결국 인간에 대한 배신감이라는 내용이지요. 저는 종종 수강생에게 당신을 화나게 하는 일들이 발생하느냐고 묻고 구체적으로 어떤 일인지 들어봅니다. 여기에 몇 가지 사례를 소개합니다.

"우리 부서에는 선임자인 대리가 있습니다. 여러 해 과장 진급에서 누락되었죠. 그의 업무 실력과 태도에 대한 평판은 점점 나빠지고 있습니다. 최근 들어 매사에 의욕이 없고, 부서의 분위기와 상관없이 정시 출근과 정시 퇴근을 보란 듯이 하며 자신을 부서원들로부터 소외시키는 행동도 서슴없이 하고 있습니다."

"우리 집에는 중학생 아들 녀석이 있습니다. 아침마다 아내가 아들을 깨워서 학교에 보내느라고 난리를 피웁니다. 저는 출근을 준비하다가 그 성가신 다툼을 보면 대번 소리를 지릅니다. '깨우지 마! 그 녀석

학교 보내지 마!' 아들 녀석에게 잘해주어야지 다짐하다가도 하는 행동과 이야기를 가만 보면 가슴이 답답해집니다."

"최근에 신입 직원이 우리 부서에 새로 들어왔습니다. 업무에 많이 미숙해서 늘 꼼꼼히 챙기면서 업무를 지시하고 있습니다. 일일이 연필로 적어가면서 비용을 청구하는 방법을 알려주고 난 후, 전표를 처리하는 등의 업무를 맡겼습니다. 그런데 또 거래처에서 청구한 것보다 더 많은 돈을 지급하는 어처구니 없는 실수를 저질렀습니다. 과연 생각이 있는 직원인가요?"

이런 정도면 웃으며 넘어갈 수 있는 일상의 사소한 일들인가요? 하여간 당신을 화나게 하는 상황에서 어떻게 행동하여 문제를 해결하나요? 인간관계에서 당신의 진가는 어려운 상황에서 나타납니다.

인간의 의식을 과학적으로 풀어낸 데이비드 호킨스David Hawkins는 저서 《의식 혁명Power vs. Force》에서 환경에 대응하는 사람들의 반응을 킬링에너지와 힐링에너지로 구분하여 소개했습니다. 자존심, 판단, 분노, 무기력, 슬픔, 죄의식 등은 킬링에너지에 속합니다. 반면에 용기, 중용, 자발성, 포용, 이성, 사랑 등은 힐링에너지에 속합니다.

회의 시간에 혹은 일상적인 대화에서도 타인의 말과 의견을 쉽게 판단하고 자신의 자존심을 내세우기에 바쁜 우리의 모습을 종종 보게 됩니다. 이래서는 사람들을 끌어당길 수 없습니다.

사람이 함께 모여 있는 곳에 갈등이 발생하는 건 당연합니다. 지극히 자연스러운 현상이지요. 서로의 취향, 의견, 가치, 욕구가 다른데 우리에게 주어진 기회와 자원은 한정되어 있기 때문입니다. 갈등을 자연스러운 현상으로 받아들이는 자세는 갈등을 건설적으로 해결하는 데 매우 중요한 첫걸음입니다. 갈등을 해결하는 데 가장 큰 걸림돌은 분노의 감정입니다. 갈등을 자연스러운 현상으로 받아들이는 사람은 갈등이 발생했을 때 그리 분노하거나 좌절하지 않습니다. 갈등을 수용하고 평상심을 유지하면서 어떻게 해결할 것인가를 적극 모색하지요.

당연한 것으로 받아들였다고 해서 그대로 방치하라는 이야기가 아닙니다. 먼지는 자연스레 쌓이는 법이지만 청소하는 것 역시 당연한 것처럼 갈등 또한 적극 대처해야 하는 경우가 많습니다. 물론 때로는 시간만이 답인 경우도 있기는 합니다. 아무튼 갈등 해결의 기본 수단은 대화입니다. 이때 유념해야 할 것은 상대방의 수용 가능성을 높여야 한다는 것입니다. 많은 말을 하는 게 중요한 것이 아니라 한마디를 하더라도 상대방이 내 이야기를 듣고 받아들여서 변화된 행동을 보이는 등, 개선된 결과를 만들어야 합니다. 어떻게 대화를 나누어야 수용 가능성이 올라갈까요?

이러한 고민을 하다 보면, 먼저 당신의 화가 조금은 누그러질 것입니다. '생각할수록 괘씸하네'라고 할 수도 있겠지만 그 사람의 잘못을 곰곰이 생각하기보다 어떻게 말을 해서 변화된 행동을 이끌어낼까를 생각하다 보면 마음이 차분하게 가라앉습니다. 또한 좀 더 객관적인 입장에서 벌어진 일을 바라보고 감정적인 대응을 피할 수 있습니다.

다음은 가급적 얼굴을 마주하고 대화를 나누어야 합니다. 좋은 말은 문자나 이메일로 보내도 오해의 여지 없이 잘 전달됩니다. 그러나 누군가를 비난하는 말은 의도와는 상관없이 상대방이 잘못 해석할 수 있고 그 때문에 오해가 커져 갈등이 더욱 깊어질 수도 있습니다.

상황에 따라서는 바로 본론으로 들어가서 발생한 문제를 지적할 수도 있겠고, 혹은 소소한 일상의 이야기를 먼저 꺼내 분위기를 편안하게 한 다음 하고 싶은 이야기를 할 수도 있습니다. 두 경우 모두, 내가 알고 있는 상황을 이야기하고 내 감정을 표현한 후 상대방에게도 변명할 기회를 주어야 합니다.

여기까지 하셨다면, 이제 당신은 효과적인 방식으로 갈등 상황을 해결할 준비를 마쳤습니다. 상대방의 변명을 듣고 난 후에는 그를 격려해야 할 상황일 수도 있습니다. 어떻게 문제를 해결하면 좋을지 물어보고 당사자 스스로 문제를 적극적으로 해결하게 놔두어야 할 수도 있습니다. 아니면 무엇이 규정에 어긋났는지를 다시 한번 주지시킬 수도 있겠지요.

재키 로빈슨Jackie Robinson은 흑인으로서는 최초로 메이저리그의 야구 선수가 되었습니다. 영화 〈42〉는 그를 다룬 실화입니다. 우리가 예상하는 그대로 그는 백인 동료로부터 집단 따돌림을 당했으며, 경기장의 관중에게서도 심한 야유와 조롱을 받았습니다. 투수에게서 살의가 느껴지는 폭투를 받을 위험이 언제나 도사리고 있었기에 타석에서는 집중하기 어려웠으며, 심판에게서 종종 악의적인 편파 판정을 받아 아웃이 되었습니다. 원정경기를 위해 투숙한 호텔에서 종업원이 서비스를 거부하는 수모를 겪기도 했습니다. 하지만 그는 반격하지 않는 진정한 용기를 보여주었습니다. 사람들이 너의 오른쪽 뺨을 때리거든 왼쪽 뺨을 돌리라는 종교적 가치를 지켰고, 자신이 뛰어난 실력의 선수이며 고매한 인격을 갖춘 용기 있는 신사임을 드러냈습니다. 그리하여 그에 대한 존경의 의미로 그의 등 번호 42번은 메이저리그 역사상 모든 구단에서 영구 결번된 유일한 번호가 되었습니다.

다른 사람들이 당신을 화나게 할 때, 받은 그대로 갚아주면 속은 시원할지 몰라도 훌륭한 행동은 아닙니다. 우리는 쿠션을 하나씩 가지고 있어야 합니다. 상대방이 삶이 힘들어 어려운 상황이거나 인성이 좀 부족해서 날카로운 펀치를 날리면 충격을 완화해 부드럽게 받아야지요. 부드러운 말로 거친 목소리를 잠재우는 것입니다. 재키 로빈슨처럼 말이지요.

중요한 것은 내가 받은 상처를 되돌려 갚아주는 것이 아니라, '이 상황에서 어떻게 하면 좋을까?' 하고 생각하는 것입니다. 화가 날 때는 먼저 상대방의 행동을 수용하고 당신의 의견에 대한 상대방의 수용 가능성을 높이는 방법을 생각해보세요. 온도계가 되어 즉흥적인 반응을 보이는 사람이 아니라 온도조절장치가 되어 상황을 통제하는 리더가 되세요. 사람들은 그러한 모습에서 당신의 인내와 용기, 그리고 고매한 인격을 발견하고 존경할 것입니다.

모델

새로 이사 간 동네의 상가에 만화책을 빌려주는 가게가 있습니다. 어린 시절의 추억에 젖어 가게에 들어갔다가 무협만화 몇 권을 빌려 읽었습니다. 그런데 뜻밖에 무척 재미있었습니다. 《열혈강호》를 먼저 읽었습니다. 무려 60권이 넘는 장편입니다. 다음에는 《킹덤》,《배가본드》 등을 읽어나갔지요. 그림 수준도 매우 훌륭해서 오랫동안 눈길을 붙잡았고, 스토리 전개도 교훈적이어서 자기계발서로시 손색이 없다는 생각이 들었습니다.

무협만화의 흥미진진한 이야기들 속에는 하나의 공통점이 있습니다. 주인공이 자신보다 더 강한 상대를 만나서 대결을 벌이고, 그 과정에서 한 단계 성장한다는 것입니다. 그 상대들은 만만한 연습 상대가 아니라 죽음을 각오하고 덤벼들어야 겨우 이길 수 있는 고수들이지요. 진지하게 맞서 상대해주는 대상을 만나면 그들은 적의보다 우정을 느낍니다.

영업 교육을 하면 수강생에게 "당신이 속한 회사의 대표이사를 만나보세요"라는 도전 과제를 냅니다. 그러면 거의 모든 사람이 고개를 설레슬레 저으면서 어렵다고 합니다. 물론 쉽지 않은 일이죠. 이 글을 읽고 있는 당신도 생각해볼까요? 최고 의사결정권자들을 만나서 대화를 나누는 장면을 말입니다. 생각만 해도 긴장됩니다. 그들은 무척 바쁘고 중요한 일들이 많은데, '그들의 시간을 빼앗아도 괜찮은 걸까? 최고 의사결정권자들과 내가 대화를 나눌 만한 소재가 있을 리 없어'라고 생각할지도 모르겠습니다. 영화 〈록키Rocky〉에서 록키가 세계 챔피언인 아폴로 크리드 측으로부터 챔피언 타이틀을 건 시합 제의를 받았을 때 "나는 삼류이고 그는 최고다. 좋은 시합이 되지 않을 것이다"라고 말하며 거절했던 것처럼 말입니다. 하지만 그는 결국 그 제안을 받아들였고, 그 일은 록키의 삶을 송두리째 바꾼 계기가 되었지요. 그는 정말 위대한 사람이 되었습니다.

사람을 만나는 일은 두려운 일 중의 하나입니다. 잘 모르는 사람 또는 나 자신보다 커 보이는 사람을 만나는 일은 우리를 긴장시킵니다. 무슨 대화를 나누어야 하는지도 고민하게 되지요. 내 수준을 상대방의 수준으로 맞추기 위해 노력하게 됩니다. 적어도 대등한 시합이 되어야 하니까요. 잠재 고객 기업의 업무 담당자를 만나서 신제품을 소개하려는 영업사원의 처지에서 생각해봅시다. 미팅을 준비할 때 어떻게 하면 담당자에게 이번 신제품의 우수성을 잘 소개할 수 있을까를 고민하겠지요. 그런데 만일 대표이사를 만나야 한다면 미팅 준비는 확연히 달라져야 할 것입니다. 생각의 크기를 키우지 않으면 좋은 미팅을 만들어내기 어렵습니다.

저는 강의할 때 "성장한다는 의미는 안전지대를 확장하는 것이다"라고 표현합니다. 어린아이가 나이를 먹어가면 차츰 단단한 음식, 매운 음식도 맛봅니다. 비로소 다양한 음식의 제맛을 알고 즐길 수 있게 되는 것이지요. 그저 살기 위한 에너지를 얻기 위해서 먹는 것이 아니라 음식 자체가 즐거움이 되는 수준을 경험합니다. 이처럼 안전지대를 확장시키는 것은 생존을 넘어서서 존재를 실현하는 것입니다. 안전지대가 좁은 사람은 그저 되는 대로 사는 게 전부지만 안전지대가 넓은 사람은 삶을 만들어가고 경험해갑니다. 보다 실질적으로 이야기한다면 안전지대가 좁은 사람은 회사에서 일하면서 월급을 받는 것 자체가 목적입니다. 해고당하지 않고 월급을 계속 받을 수만 있다면 더없이 좋은 일이지요. 안전지대가 넓은 사람은 급여를 받는 것을 넘어 일을 통해서 가치 있는 일에 공헌하기를 원하고, 자신이라는 존재의 중요성을 실현해 나갑니다. 이 과정에는 표현하기 어려운 큰 기쁨과 행복이 있습니다.

나보다 안전지대가 넓은 사람을 만나는 일은 우리를 크게 성장시키는 강렬한 학습 경험입니다. 상상 속에서 사람을 만나는 연습을 하는 것만으로도 우리는 성장합니다. 오늘 거래처를 방문할 일이 있다면 그 빌딩의 현관문을 열고 들어가면서 이 회사의 최고 의사결정권자는 지금 무엇을 고민하고 있을까를 자신에게 질문해보세요. 그래서 만일 그분에게 차를 한잔 나누며 대화하는 시간을 갖자고 요청할 때 뭐라고 이야기해야 그가 나와의 만남에 관심을 두고 기꺼이 시간을 내어줄지 생각해보세요. 이 연습은 효과가 있습니다.

물론 더욱 좋은 것은 실제로 그 사람을 만나는 일입니다. 사회학자 류태영 박사는 어느 강연에서 자신의 10대 시절의 이야기를 풀어놓았습니다. 그는 삶에 대한 강렬한 열망으로 자신의 꿈을 위해 덴마크 국왕에게 편지를 썼다고 합니다. 자신을 국비 장학생으로 받아달라는 것이 최종 목적이었습니다. 먼저 국왕의 이름을 백과사전에서 찾아 확인했고, 편지를 작성하는 데 몇 달을 걸쳐 노력했다고 합니다. 마침내 편지가 완성되자, 국왕의 주소를 알 순 없었지만 덴마크의 집배원이 설마 자국의 국왕 이름도 모를 리 없다는 생각에 편지를 발송했다고 합니다. 편지는 잘 도착했으며 놀랍게도 성공적인 결과를 가져왔습니다. 그는 덴마크 정부로부터 전액 장학금을 받는 학생으로 초청 받았지요. 마치 동화 같은 이야기입니다.

당신이 거래를 트고 싶거나 협력하고 싶은 사람 100명을 선정해보세요. 그 이름을 기록하고 최대한 노력해서 그 사람에 대해 공부하시기 바랍니다. 당신이 영업사원이라면 고객 기업의 대표이사여도 좋겠습니다. 만약 당신이 작가라면 만나서 대화하고 싶은 이름 있는 거장일 수도 있고, 인터뷰를 해서 그 대담 내용을 책으로 내고 싶은 유명인일 수도 있습니다. 한 번 만나보는 것을 넘어서서 좋은 관계를 형성하는 것을 목표로 삼으시기 바랍니다. 그렇다면 꼭 유명인이 아니어도 좋습니다. 인품이 뛰어나고 실력 있는 훌륭한 사람들이 우리 주변에는 참 많으니까요.

사람을 만나기 위해 모임에 나가보세요. 먼저 인사를 건네보세요. 그것이 당신의 안전지대를 넓혀줄 것입니다. 그렇게 안전지대를 넓혀가다 보면, 언젠가는 "당신을 만나서 영광입니다"라는 말을 듣는 멋진 사람이 되어 있을 것입니다.

11장

중요하게 여기면 중요해진다

존중

　　　　　유명한 패밀리레스토랑의 점장들을 위한 리더십 교육을 진행할 때의 일입니다. 리더십은 어디에서나 항상 중요한 역할을 하지만 프랜차이즈는 시스템 그 자체가 중요한 성공 요인입니다. 그래서 점장의 리더십이 다른 유형의 조직에 비해 상대적으로 덜 중요하다는 생각에, 강의를 의뢰한 담당 직원에게 리더십 교육을 하게 된 배경이 무엇인지 물어보았습니다. 그는 명동에서 경영되고 있는 점포에서 점장이 바뀌었는데, 곧 매출이 2배로 상승했다면서 그 원인이 리더십에 있으리라고 생각했다고 말했습니다.

　프랜차이즈 시스템으로 움직이는 조직들은 이미 증명된 효과적인 시스템과 업무 매뉴얼, 그리고 철저한 훈련을 기반으로 운영됩니다. 그 때문에 같은 프랜차이즈에 속해 있다면 서울의 한 레스토랑에서 경험하는 서비스와 음식 수준은 뉴욕이나 런던, 상하이 등 다른 지역에서의 그것과 큰 차이가 없는 편입니다.

시스템이 매우 중요하지만 그것을 움직여서 가치를 만들어내는 것은 결국 사람의 몫입니다. 시스템은 시간이 지나면 그 적합성과 효율성이 떨어지기 때문에 꾸준히 개선해나가야 합니다. 어떤 경우에는 완전히 다른 형식으로 바꾸어서 새로운 시스템을 창조해야 할 때도 있습니다. 이런 일은 결국 사람이 담당합니다. 효과가 증명된 프로세스와 세부 매뉴얼로 누가 해도 비슷한 수준의 품질을 만들어내도록 고안된 프랜차이즈이지만 여전히 사람이 중요한 이유입니다.

주어진 동일한 환경에서 남보다 더욱 탁월한 성과를 창출하는 리더들은 어떻게 사람을 움직일까요? 그들은 어떤 패러다임을 가지고 있으며, 어떤 기술과 프로세스를 활용하는 것일까요? 이들이 보여주는 특질 중의 하나는 상대방이 자신을 중요하다고 느끼게 한다는 것입니다. 단순히 리더가 직원을 중요하게 생각하는 것과 직원이 스스로 중요한 존재라고 느끼게 하는 것에는 큰 차이가 있습니다. 직원이 중요하다는 사실을 모르는 리더는 없을 테죠. 하지만 직원에게 "아! 나는 이 조직에서 정말 중요한 사람이구나" 하고 느끼게 하는 리더는 적습니다. 당신은 지금 소속된 직장 상사에게서 중요한 존재라는 느낌을 전달받고 있습니까?

어느 영어유치원의 이야기입니다. 학부모를 초청하여 수업 방식, 시설, 선생님 등의 우수성을 홍보하는 행사를 진행하고 있었습니다. 영어가 중요하다기에 아이를 영어유치원에 보냈지만 '과연 우리 아이가 잘 적응하고 있을까' 하고 염려하는 부모들을 위한 자리였지요. 행사가 마무리될 즈음 유치원 원장이 마이크를 잡고 직원들을 소개했습니다. 각 반을 맡고 계신 선생님, 아이들의 식사를 담당하는 선생님, 영어 소통으로 어려움을 겪을 때 생활을 도와주는 선생님 등을 차례로 소개했습니다.

"저기, 김 씨 아저씨도 나와서 인사하세요."

원장님은 직원을 소개하다가 문득 차량 운행을 담당하는 기사가 빠진 것을 알고 교실의 한구석에 서 있던 김 씨 아저씨를 불러낸 것입니다. 그분은 갑작스러운 호출에 당황했고 앞으로 나오려고 하지 않았습니다. 다소 재촉했음에도 부끄러움에 주저하고 있었지요. 이때 재치 있는 부원장님이 이 돌발 상황을 잘 해결했습니다.

"우리 아이들의 안전을 책임지고 계신 선생님이세요. 박수 부탁드립니다."

그제야 그분은 용기를 내어 앞으로 나와서 인사했습니다.

함께 일하는 직원과 동료에게 당신은 중요한 존재이며 확실한 역할을 하고 있다는 느낌을 전달하는 방법은, 정말이지 사소한 말 한마디로도 가능한 경우가 많습니다. 저는 최근 매우 큰 실수를 했는데, 수치스러울 정도로 큰 잘못이었습니다. 사람은 마음에 있는 것을 말한다고 했으니 부지불식간에 한 말이었지만, 속에 있었던 제 부끄러운 생각이 표출된 것이지요.

직원들과 함께한 자리에서 저는, 지금은 나 혼자 매출을 일으켜 사무실을 운영하고 있지만 조만간 당신들이 일거리를 수주해야 한다는 취지의 발언을 했습니다. 제 이야기를 듣고 있던 한 직원이 발끈했습니다. 마치 소장님 혼자서 일하고 나머지 사람들은 그 득을 보고 있다는 식으로 들린다며 화를 낸 것입니다. 여러 번 사과했지만 마음의 상처는 쉽게 아물지 않는 것 같습니다.

일을 매우 잘하는 직원에게 '당신은 없어서는 안 될 존재야'라는 느낌을 전달하는 게 그렇게 어려운 일은 아닙니다. 평범하거나 평균 이하의 성과를 보이고 있는 직원에게도 역시 중요한 사람이라는 느낌을 진심으로 전달해야 합니다. 그것이 그 사람을 움직이고 최선을 다하게 하기 때문입니다. 어떻게 해야 할까요? 중요한 것은 생각에서 그치는 것이 아니라 상대방이 느껴야 한다는 것입니다.

이름

톰 피터스Tom Peters와 로버트 워터맨Robert Waterman

은 1980년대 말 《초우량 기업의 조건In Search of Excellence》이라는 기념비적인 책을 출판했습니다. 이 책에는 수많은 흥미로운 사례들이 소개되어 있습니다. 저는 서문에 맨 처음 실린 사례를 소개하려고 합니다. 당신이 이 책의 저자라고 가정해보죠. 수년간의 연구와 탐색 끝에 성공 원리를 담은 한 권의 책을 출간하게 되었습니다. 이제 왜 이 책을 썼는지, 어떻게 구성되어 있는지, 이야기하고자 하는 핵심 메시지는 무엇인지, 그것은 우리에게 어떤 가치가 있는지, 그래서 결국 당신은 왜 이 책을 읽어야 하는지에 관한 이야기를 담은 서문을 쓰려고 합니다. 그 서문을 시작하기 위해서 흥미로운 사례를 하나 사용하고자 합니다. 그렇다면 그 사례는 분명 매우 중요하지 않을까요?

그들은 세미나 참석 차 워싱턴 D.C.를 방문했습니다. 그런데 몇 가지 예상치 못한 일이 발생하는 바람에 당일 출장이었지만 하루를 묵어야만 했지요. 호텔들은 성수기였던 탓에 모두 만실이었습니다. 어디에서 방을 하나 얻기가 어려운 상황에서 생각한 것이 작년에 한 번 숙박한 적이 있는 포시즌 호텔에 가서 사정을 좀 해보려는 것이었습니다. 전화를 해봐야 "죄송합니다. 만실입니다"라는 대답을 듣게 될 터이니 무작정 찾아갔습니다.

여기서 그들은 놀라운 일을 경험합니다. 프런트를 담당하고 있던 직원이 톰을 알아보고 반갑게 이름을 부르며 인사한 것이지요.

'세상에! 어떻게 나를 기억하고 있지? 겨우 작년에 한 번 묵었을 뿐이

었는데……. 내가 그렇게 유명한 사람인가?'

톰은 충격에 가까운 인상을 받았습니다. 그들은 바로 그 작은 행동, 고객의 이름을 기억하고 불러주었던 행동에서 이 호텔이 그 지역에서 좋은 평가를 받고 적은 시간 내에 급성장한 이유를 엿보았던 것입니다. 즉, 이 기업의 임직원들이 고객에게 감동적인 서비스를 제공하기 위해 고객이 모르는 이면에서 얼마나 치열하게 움직이는가를 느꼈습니다.

제가 놀란 이유는 초우량 기업의 조건을 탐색한 기념비적인 책의 서문에서 맨 처음 소개된 사례가 이름을 기억하는 정도의 하찮은 행동이었기 때문입니다. 우리는 유사한 사례로 《육일약국 갑시다》의 저자 김성오 사장의 이야기를 알고 있습니다. 마산의 조그만 골목에서 시작된 그의 성공 스토리의 핵심에는 약국을 한 번이라도 찾아주신 분의 이름은 절대 잊지 않는다는 원칙이 있었습니다. 그는 몇 달 후에야 다시 방문한 손님이라도 약국의 문을 열고 들어올 때 어김없이 이름을 부르며 인사를 건넸습니다. 당연히 손님들은 "약사님, 천재예요?" 하면서 놀라움을 금치 못했지요.

인간관계 증진을 중요한 주제로 다루는 수업에 정부부처 산하의 휴대전화 관련 연구소 소장이 수강생으로 오신 적이 있습니다. 그가 제 수업에 등록한 이유는 한 가지 커리큘럼에 이름을 기억하는 법이 있었기 때문입니다. 그는 50대 후반의 박사로서 연구소에 수백 명의 석·박사급 인재들과 더불어 중요한 국가 연구 사업을 수행하는 책임을 맡고 있었습니다. 연구소 운영에서 가장 어렵고도 중요한 일은 인재를 빼앗기지 않고 유지하면서 좋은 인재를 채용하는 것이라고 그는 말했습니다. 그가 내린 결론은 이름을 외우는 것이었지요. 가장 소중한 자원인 인재를 잘 관리하려면 적어도 그들의 이름을 알아야겠다고 생각했습니다. 그래서 보고를 받는 순간은 물론이고 복도를 지나가거나 한 끼를 때우려고 구내식당에 갔을 때, 우연히 마주치는 모든 연구원에게 이름을 부르며 반갑게 안부를 묻기로 한 것입니다.

IBM이 경쟁력을 잃어가고 있을 때 사령탑을 맡은 루 거스너Louis Gerstner는 IBM 변혁의 핵심을 제조업에서 고객 서비스 조직으로 탈바꿈하는 것으로 삼았습니다. 오늘날 모든 기업은 서비스 조직으로 거듭나려 하고 있습니다. 사업의 존재 이유가 고객을 돕는 것이라는 깨달음 때문이지요. 조직에는 2가지 업무가 존재합니다. 하나는 고객을 돕는 것이며, 또 하나는 고객을 돕는 사람들이 더욱 잘 일할 수 있도록 돕는 일입니다.

이름 기억하기는 매우 단순한 행위이지만, 마치 디지털이라는 놀라운 세계가 0과 1이라는 숫자로 구성되어 있듯이 이 서비스는 비즈니스 모델의 전략적 방향성의 핵심에 놓여 있습니다. 사람을 기억하는 능력에 우리의 경쟁력이 달린 것입니다. 당신은 아마도 이제 이름을 잘 기억하는 법을 알고 싶어졌을 것입니다.

이름을 기억하는 비결을 소개하겠습니다. 비결은 4가지로 이루어져 있습니다. 사회생활에서 새로운 사람을 만나는 일은 매우 중요합니다. 그에게서 실제적인 정보를 얻을 수 있기 때문입니다. 사람을 만나면 우리는 먼저 명함을 교환합니다. 명함에는 그 사람에 대한 기본적인 정보가 담겨 있으므로 후일에도 그를 기억할 수 있는 매우 중요한 근거가 됩니다.

여기에 사람의 이름을 기억하는 첫 번째 비결이 있습니다. 명함을 받으면 주의 깊게 살펴보아야 합니다. 특히 명함을 받을 때에 상대방의 이름을 정확히 들어야 합니다. 그리고 "뵙게 되어 반갑습니다. ○○○ 과장님"이라는 식으로 곧바로 화답하여 이름을 불러주어야 합니다. 이 잠깐의 집중은 사람의 이름을 즉시 암기할 수 있도록 도와줍니다. 저는 직업 특성상 하루에도 몇 번이나 새로운 사람을 만나는데, 명함을 주고받을 때 주의 깊게 이름을 듣고 제 이름을 부르면서 인사하는 사람은 자주 보질 못했습니다. 우리가 사람을 만나도 그의 이름을 기억하지 못하는 이유는 주의 집중하지 않았기 때문입니다.

두 번째 비결은 이미지를 파악하는 것입니다. 대화를 나눌 때 다른 곳을 보지 않고 상대방을 바라보는 것은 기본적인 예의입니다. 아울러 머릿속에 상대방의 외적 이미지의 특징을 잘 저장하려고 노력해보세요. 사람의 얼굴은 참으로 오묘해서 각각 독특한 특징이 있습니다. 사진을 찍는 듯한 기분으로 그 이미지를 머릿속에 저장하고 그 얼굴을 한 번 상상해보세요. 이 방법은 효과가 아주 대단해서 다음에 우연히 그를 만나더라도 먼저 알아보고 인사할 수 있습니다. 이는 우리의 두뇌가 문자보다 영상 이미지를 더욱 잘 기억하는 능력이 있기 때문에 그렇습니다.

세 번째 비결은 이름을 불러보는 것입니다. 이는 이름을 기억하는 효과 이외에도 친밀한 관계를 형성하는 데 좋습니다. 심리학자들은 어떤 상황에서 사람의 뇌파가 활성화되는가에 대한 실험을 수행했습니다. 사랑하는 사람과 친밀한 대화를 나눌 때의 뇌파는 다른 어떤 경우보다도 활성화된 상태를 보였습니다. 유독 그와 비슷한 정도를 보이는 경우가 있었는데 그것은 자신의 이름을 듣는 순간이었습니다. 저는 강의할 때 최대한 수강생의 이름을 불러주려고 노력합니다. 20명 정도의 수강생이 참석한 가운데 4시간 정도의 교육을 진행한다면 모든 수강생은 적어도 한 번은 자신의 이름이 반가운 목소리로 불리는 것을 경험합니다. "〇〇〇 매니저님도 같은 의견이시죠?" 이런 식으로 말이지요. 저는 당연히 수강생과 친밀감을 형성하게 되고 교육이 끝난 후에도 최소 몇 명 이상 수강생의 이름을 기억할 수 있습니다.

당신은 새로운 사람을 만나서 명함을 교환하고 약 30여 분 동안 이런저런 비즈니스를 놓고 대화를 나눠본 경험을 해보았을 것입니다. 그 30여 분 동안 상대방의 이름을 몇 번이나 불러보았는지요? 제가 답을 알고 있습니다. 아마 한 번도 불러보지 않았을 것입니다. 제 예상은 거의 정확합니다. 명함을 주고받을 때에도, 대화 중에도, 미팅을 마치고 헤어질 때에도 이름을 사용하지 않습니다. 이는 자기중심적이고 업무 중심적인 태도 때문입니다. 사람을 중요하게 여기고 또 그런 마음을 표현해보세요. 그러면 대화하는 도중에 자신도 모르게 상대방의 이름을 부르게 됩니다. 그렇다고 말끝마다 이름을 부르지는 마시기 바랍니다. 대화는 서로 주고받는 것이기에 이따금 "○○○ 매니저님께서 정말 좋은 의견을 말씀해주셨습니다"라고 화답하는 형식으로 사용하는 게 좋습니다.

이제 마지막으로 한 번 들은 이름이지만 절대 잊지 않는 강력한 비결을 소개합니다. 바로 이름을 잘 기억나게 도와주는 연상의 고리를 만들어보는 것입니다. 상대방의 이름을 들었을 때 우리는 그의 직업, 이미지, 유사 이름, 의미 등과 연결해 연상할 수 있습니다. 예를 들어 김희정이라는 이름의 치과의사를 만났다면, '희'고 '정'갈한 치아를 관리하는 사람으로 연상해볼 수 있습니다. 한광희는 '한' '광'주리 가득한 '희'망이라는 이미지를, 이원필은 '이' 시대가 '원'하고 '필'요로 하는 사람이라는 의미를 담아보는 식입니다. 저의 이름 김승중은 '승'리의 '중'심이라고 기억해볼 수 있겠지요.

소개한 4가지의 비결 중에서 가장 중요한 것은 첫 번째입니다. 누군가를 만났을 때 사람을 중요하게 여기는 마음을 가지고 주의 집중하여 이름을 듣는 것이지요. 오늘, 새로 만날 사람에게 꼭 적용해보길 바랍니다.

경청

혹시 신이 인간에게 가장 중요하게 요구하는 것이 무엇인지 아나요? 어떤 글에서 "자신의 이야기를 경청하는 것"이라고 읽은 기억이 있습니다. 그 이야기를 들려드리자면, 어느 날 인간들은 신의 환심을 사려고 엄청난 제물을 바쳤습니다. 하지만 신에게서 돌아온 대답은 축복이 아니라 저주였습니다. "너희가 나의 말을 경청하지 않으면서 이렇게 제물을 바치니, 그것이 내게는 너무도 역겹다"라고 했다지요.

부모는 자녀에게 어려서부터 부모의 말씀에 순종할 것을 가르칩니다. 당신이 많은 급여를 약속하고 유능한 인재를 초빙해 왔다면 그를 잘 관리해야 할 것입니다. 그 만남이 실패로 끝나고 인재가 떠나는 진짜 이유는 말로만 자신을 핵심 인재라고 할 뿐 정작 자신의 말을 경청하지 않는 상사 때문입니다. 신조차도 자신의 말을 들어달라고 진정으로 요구했습니다. 누가 이야기할 때 그것을 잘 경청해주는 것만큼 커다란 찬사가 없습니다. 열심히 이야기하는데 듣지 않으면 큰 모욕을 주는 셈이지요.

젊은 교수가 외국에서 학위를 마치고 국내 여대에서 교편을 잡았습니다. 어느 날 동료 교수들이 마련해준 환영회에서 그는 중요한 조언을 들었습니다.

"강의 중에 한 여학생을 3번 이상 바라보면 안 됩니다"

우스갯소리이지만 의미가 있습니다. 저 역시 강의 중에 모든 수강생을 고르게 바라보려고 노력합니다. 강사가 수강생을 편애한다는 인상을 주면 평판에 치명적입니다. 하지만 아무래도 자꾸 눈이 가는 사람이 있습니다. 제가 남자여서 예쁜 여성에게 눈이 간다는 게 아닙니다. 제 강의를 정말 열심히 경청하고 고개를 끄덕이는 수강생을 만나면 나도 모르게 자주 그분을 바라보며 강의하게 됩니다.

휴렛 팩커드HP에서 오랫동안 영업사원으로 일했던 앤서니 패리넬로Anthony Parinello는 귀가 잘 안 들리는 불편이 있었습니다. 영업사원이 귀가 어두우면 고객을 짜증 나게 할 수도 있기에 그는 보청기를 장만했습니다. 어느 날 친하게 지내던 회사의 대표는 그에게 보청기를 사용하지 말라고 권유합니다. 왜 그랬을까요?

"이보게, 자네는 나와 대화할 때면 내 이야기를 하나라도 잘못 들을까 봐 노심초사하며 온 힘을 다해 경청했네. 의자를 당기고 몸을 숙여서 귀를 쫑긋한 채로 내 이야기를 들었지. 그 모습이 사실 나를 매우 기분 좋게 만들었어. 그런데 지금 자네의 자세는 어떠한가? 의자에 기대어 앉아서 몸을 뒤로 젖히고 대화를 하네. 대화 중에 종종 자네는 다른 생각을 하는 듯 다른 곳을 향해 시선을 돌릴 때도 있어. 그런 모습을 보면 별로 유쾌하지 않아. 예전으로 돌아가게."

이 애정 어린 충고는 앤서니에게 크게 각인되었습니다.

타인의 말을 공감하며 경청하는 일이 절대 어렵지 않고 즐거운 일임을 경험해보라는 의미에서, 강의 중에 경청 연습을 자주 하는 편입니다. A4 한 장에 현재 사는 모습, 좋아하는 것과 욕구, 인생에 대한 비전과 가치관 등에 관한 대화를 할 수 있도록 질문을 적어서 나누어 줍니다. 그리고 두 명이 한 조가 되도록 편성한 후에 한 사람은 질문지의 질문을 건네고, 다른 한 사람은 질문에 성실하게 답변하게 합니다. 정해진 시간이 지난 후에는 서로 역할을 바꾸어서 다시 한 번 경청 연습을 진행하지요.

사람들은 놀랍게도 이 단순한 활동을 통해서 많은 것을 느끼고 깨닫습니다. 모 대기업의 총무부장은 연습 후에 소감을 묻는 저의 질문에 다음과 같이 대답했습니다.

"옆자리의 동료와 진실 게임처럼 보이는 경청 연습을 한다고 해서 약간 짜증이 났습니다. 왜냐하면 그는 입사 동기여서 함께 근무한 지 15년이나 되었거든요. 다 아는데 무엇을 물어보라는 건지 하는 생각이 들었습니다. 하지만 질문을 하고 그 친구의 이야기를 들으면서 저는 너무나 놀랐습니다. 제가 그에 대해 아는 것이 거의 없었습니다. 그가 살아온 경험과 변곡점들, 그가 좋아하는 것, 요즘 걱정거리, 미래에 대한 고민과 계획 등 이런 주제로 진지하게 누구의 이야기를 들어본 적이 있었던가 싶습니다. 저는 제 동료가 어디에 살며 현재 어떤 업무를 담당하고 있는지를 제외하고 사실상 아는 게 없다는 사실을 발견했습니다."

참가자들 대부분도 그 말에 공감했지요.

이 활동을 매우 진지하게 수행한 기업이 있습니다. 굴착기 등 중장비 생산 분야에서 세계적인 경쟁력을 가지고 있는 이 회사는 합병과 더불어 급격하게 성장했습니다. 당연히 이전보다 더 많은 사람이 회사에 들어왔습니다. 그런데 그 구성원들의 다양성과 이질성은 조직의 안정과 효율성에 잠재적 위험 요인이 되었지요.

  경영진과 팀장들이 먼저 일대일 경청 훈련을 받았습니다. 그 후 각 부서로 돌아가서 팀원들에게 앞으로 실시할 경청 활동의 취지를 소개하며 그 요령을 설명하고 매뉴얼을 나누어 주었습니다. 그 과정을 같이 상상해보실래요? 그날 회사의 모든 직원은 이메일을 받았습니다. 경청 대화를 나눌 대상이 통보된 것이죠. 그들 중 한 명은 '참, 별걸 다하네'라고 생각하며 자신의 상대에게 전화를 걸었습니다. 서로 일정을 확인하다가 목요일 오후 3시에 만나기로 약속을 했지요. 약속 장소에서 어색한 인사를 나누고 누가 먼저 질문할 것인지 결정한 후에 대화를 시작했습니다. 하다 보니 생각보다는 재미있었습니다. 지금까지 살면서 누구의 살아온 이야기를 인터뷰하듯이 진지하게 질문하고 들어본 적이 없었다는 생각도 들었습니다. 한 시간이 금방 지나갔습니다.

  "아, 이거 시간을 넘겼네요. 말하다 보니 제가 별 이야기를 다 한 것 같아요. 자, 이제 과장님이 질문하세요."

  다시 한 시간 넘게 경청 대화가 진행되었습니다. 서로 휴대전화를 꺼내어 인증 사진을 찍고 인사한 뒤 헤어졌고, 인사팀에 간단한 보고서를 보냈습니다.

다음 주에 그는 또 다른 대상을 통보받았습니다. 첫 번의 경험이 있어서였는지 두 번째 대화가 기대되었습니다. 그리고 무려 5주간에 걸쳐서 모르는 타 부서의 동료 5명을 만나 대화했습니다. 이 활동은 그 자체로 해당 기업의 조직문화를 강하게 만드는 데 크게 기여했습니다. 새로 합류했던 사람들은 소외감에서 벗어나게 되었고, 동료와 조직에 대해 자부심을 품게 되었지요. 그리고 이렇게 나의 이야기를 경청하는 데 신경을 쓰는 회사가 마음에 들었습니다.

이번 주에 당장 한 번 실천해보시지 않겠습니까? 회의 시간에 참가자들이 이야기할 때 사람들 대부분은 고개를 숙이고 있거나 노트북을 보고 있겠지요. 당신은 발언하는 사람을 바라보고 경청해보세요. 이만한 찬사가 없습니다.

12장

초능력을 배워라

도움

제너럴일렉트릭GE의 리더 육성 체계를 설계하고 전파했던 램 차란Ram Charan은 동료와 함께 쓴 책 《리더십 파이프라인The Leadership Pipeline》에서 성실하게 근속하고 높은 성과를 꾸준히 달성해서 관리자로 승진한 인재들이 흔하게 범하는 실패를 언급했습니다. 정작 관리자가 되었지만 예전의 현업 담당자 시절에 가지고 있었던 가치와 행동, 특히 시간 사용의 습관을 그대로 유지한 게 실패의 원인이었습니다. 그들은 실무에 능했고 기한 내에 일을 처리했지만, 직원이 성공적으로 일을 처리하게 하는 데는 실패하고 있었습니다.

램 차란과 동료들이 발견한 실패의 유형을 간단한 수학으로 표시하면 다음과 같습니다. 10명의 팀원을 책임지는 신임 팀장 K의 경우를 생각해봅시다. K는 10의 성과를 내는 실력자입니다. 유경험자부터 신입에 이르는 팀원들의 평균 성과는 5입니다. K 팀장은 직원들의 업무 처리가 마음에 들지 않았습니다. 특히 시급한 문제가 발생해 마감 기한을 지키기 어려운 상황에 도달하면 결국 K 팀장이 직접 처리하는 경우가 빈번해지기 시작했습니다. 팀장으로 부임한 지 일 년이 지난 시점에서 팀 전체의 성과는 팀장 7 더하기 팀원 50(10명×5)으로 전체 57의 성과를 달성했습니다.

그렇다면 팀장의 역할을 올바르게 수행한 경우에는 어떻게 달라질까요? 10명의 팀원을 책임지는 신임 팀장 S의 경우입니다. S는 팀원의 성공과 성장에 시간 대부분을 투자했습니다. 결국 그의 성과는 0이 되었습니다. 그러나 팀원들의 평균 성과는 10이 되었습니다. 팀장으로 부임한 지 일 년이 지난 시점에서 팀 전체의 성과는 팀장 0에 팀원 100(10명×10)을 더하니 전체 100의 성과를 달성하게 되었습니다.

K 팀장은 유능한 실무자 시절보다 더 큰 스트레스를 받았고, 오히려 실무자 시절보다 낮은 성과를 내었습니다. S 팀장은 팀 전체의 성과가 약 2배에 이르는 성장을 한 것을 넘어서 유능한 실력자로 성장한 10명의 팀원을 얻었습니다. 물론 현실은 제가 보여준 수학 계산처럼 간단하지 않습니다. 당신도 이와 같은 지적을 했겠지요. 이해합니다. 그러나 제가 이런 방식으로 설명한 이유는 팀장의 역할과 성공 모형은 실무자

의 시절과는 꽤나 다르다는 것을 보여드리기 위해서였습니다.

K 팀장과 S 팀장의 가장 큰 차이는 무엇일까요? K는 여전히 실무자처럼 자신이 일을 처리했고, S는 팀원의 성공을 위해 일했습니다. 팀장이 되어도 여전히 팀원을 경쟁자로 보는 사람도 많습니다.

"내가 호랑이 새끼를 키우고 있어. 언제 이놈들이 치고 올라와서 나를 물 먹일지 몰라."

이런 생각이 마음속에 있다면 결코 S 팀장처럼 일할 수 없습니다.

정보가 넘쳐나는 오늘날의 성공 비결은 정보를 아는 것, 즉 'know how'가 아니라 어디에 정보가 있는지를 아는 것, 즉 'know where'라고 할 수 있습니다. 나아가 이 정보를 편집하여 새로운 가치를 창조하는 것을 매우 중요하게 여기는 시대가 되었습니다. 사람도 다르지 않습니다. know how식 사고는 K 팀장처럼 여전히 본인이 실력을 발휘하는 것입니다. know where식 사고는 S 팀장처럼 유능한 사람들을 활용해서 더 큰 가치를 창조하는 것입니다.

리더가 된 당신은 이제 팀원과 경쟁하지 말고 팀원의 성공을 도와주는 사람으로 가치 전환을 이루어야 합니다. 당신의 인생에서 성공은 실무에 대한 전문 실력을 넘어서서 이제는 사람을 대하고 움직이는 능력으로 더 큰 영향을 받게 될 것이기 때문입니다.

첫아이가 초등학교에 입학해서 학부모가 되는 한 어머니의 감동적인 이야기를 들려주고 싶군요. 입학식 전날, 오리엔테이션이 있어서 아이의 손을 잡고 두근거리는 마음으로 학교를 방문했습니다. 사실 엄마가 아이보다 더 설레고 긴장했답니다. 오리엔테이션 행사 중에는 4학년 선배와 1학년 신입생 간에 멘토와 멘티로 서로 짝을 맺는 시간이 있었습니다. 4학년 학생들에게는 어엿한 선배로서의 리더십과 타인을 배려하는 인성을 기르는 기회를 주고, 신입생들에게는 학교가 참 재미있는 곳이라는 편안함을 주기 위해서 이러한 프로그램을 준비한 것이지요.

짝이 된 4학년 형이 다가와서 인사를 하고 둘이서 함께 기념사진을 찍는 모습이 너무 귀엽고 예뻤습니다. 4학년 선배 꼬마는 허리를 낮추어 얼굴 높이를 맞추고 정답게 사진을 찍었습니다. 대화할 때는 무릎을 구부려 눈을 마주 보았고, 후배 꼬마의 이야기를 잘 경청했습니다. 엄마는 4학년 꼬마 아이가 보여준 배려에 정말 크게 감동했지요. 정말 의젓하고 대견하지 않습니까? 리더가 된다는 의미는 바로 4학년 선배 아이가 보여준 마음을 갖는 것입니다. 이제는 남을 배려하고 그들의 성공을 위해서 고민하고 애써야 할 책임을 갖게 된 것이지요.

코치

능력 수준을 나누어보겠습니다. 1단계는 능력도 없으면서 무엇이 필요하다고도 못 느끼는, 그야말로 개념 없는 수준입니다. 2단계는 필요성은 느끼지만 할 수 있는 능력이 없는 수준입니다.

예를 들어 당신이 미래를 위해서 중국어를 배워야겠다는 생각은 늘 하는데, 실제로 중국어를 구사할 줄은 모르는 상태입니다. 3단계는 할 수 있는 능력을 습득했지만, 아직 익숙하지 않기 때문에 집중하지 않으면 실수하는 단계입니다. 조용한 사무실에서 천천히 정확한 발음으로 이야기하는 상대와는 대화할 수 있지만, 여러 사람과 더불어 시끄러운 식당에서 밥을 먹으면서 대화하기에는 아직 당신의 중국어 실력이 부족한 상태이지요. 4단계는 무의식 수준에서도 능력을 발휘하는 단계입니다. 이제 당신에게 중국어는 한국어처럼 익숙하므로 꿈을 꾸어도 중국어로 말하고, 단어와 문법을 조심할 필요도 없이 중국어로 생각하고 말할 수 있는 상태입니다. 한마디로 중국인이 다된 거지요.

눈 감고도 할 수 있다면 아마 최고의 숙련도에 이른 것인데, 그것을 뛰어넘는 5단계의 능력이 있습니다. 자신의 능력을 문자로 기록하여 다른 사람과 공유하고, 그들을 가르쳐서 자신과 동일한 수준으로 능력을 발휘할 수 있게 하는 상태입니다. 세상은 바로 이들, 즉 5단계의 능력을 갖춘 사람들에 의해서 발전되어 왔습니다.

4단계에서 멈추는 사람이 있습니다. 하지만 그는 열심히 일하는 사람일 것입니다. 10년 동안 한 우물을 파며 열정적으로 일해온 사람이 있다고 해봅시다. 그는 10년 전이나 지금이나 달라진 것 없이 똑같이 그 일을 수행하고 있습니다. 유일하게 달라진 것이라면 10년의 반복을 통해 수행 동작이 숙련되었다는 것입니다. 그의 업무 성과는 훌륭합니다. 하지만 그는 후배 사원이 생겼어도 후배에게 가르칠 것이 없습니다. 이곳에서 살아남으려면 어떻게 해야 하는지와 같은 처세법을 말해주거나 혹은 열심히 하다 보면 자연스레 배우게 된다고 말하는 것 외에 체계적인 노하우를 전수할 방법이 없습니다. 그래서일까요? 그가 속한 회사는 10년 전이나 지금이나 별로 달라진 것 없이 그만그만합니다.

5단계로 나아가는 사람은 일하는 경험을 통해 학습하고 성장하는 사람입니다. 그에게 일은 일종의 새로운 모험입니다. 몇 년째 같은 일을 해오고 있지만 그는 항상 새로움을 경험합니다. 이들의 특징은 뛰어난 학습 능력입니다. 이 능력의 대부분은 호기심과 관찰력, 그리고 기록하는 습관입니다. 저는 한 엄마를 통해서 열심히 하는 4단계의 사람과 가르치는 능력이 있는 5단계 사람의 차이를 명확히 경험한 적이 있었습니다.

그녀의 남편은 캐나다 사람이었습니다. 아이를 낳아 기르면서 자연스럽게 영어를 가르쳤지요. 아빠가 캐나다인이고 엄마도 영어를 잘하니 집 안에서 영어를 사용했고 아이는 자연스레 영어를 익혔습니다. 아이와 놀기를 좋아하는 쾌활한 남편은 동화책을 읽어주어도 마치 뮤지컬 공연을 하듯이 읽어주었고, 아이는 배꼽을 잡고 웃으며 그것을 따라 하곤 했습니다.

그 모습을 행복하게 지켜보던 그녀는 남편이 보여준 언어 학습 행동을 기록하고 체계화해서 하나의 상품을 만들었습니다. 뮤지컬을 활용한 어린이 영어 학습이었지요. 그러곤 가까운 유치원에 먼저 소개하여 아이들을 가르치면서 완성해 나갔습니다. 그녀는 다른 유치원에서도 이처럼 재미있고 효과적인 영어 교육법을 배우고 싶어 하는 것을 알게 되었고, 그래서 선생님을 육성하는 일련의 시스템을 만들었습니다. 당연히 이 일은 큰 사업으로 발전했습니다. 우리가 알고 있는 모든 사업은 5단계의 능력을 갖춘 사람들이 이룬 것입니다.

5단계의 능력은 노력하면 습득할 수 있습니다. 호기심과 관찰력을 기르고, 보고 경험한 것을 기록하는 습관을 갖는 것이 첫 번째입니다. 아무래도 쓰는 것보다 말하는 것이 편하겠지만, 반드시 기록하는 습관을 들이세요. 배낭여행을 다녀와서 자신의 여행 일지를 활용해서 여행 가이드를 제작하고 그것을 출판해서 큰 사업을 일으킨 사람이 있는가 하면, 똑같이 여행을 다녀왔지만 자신이 방문한 도시의 이름이나 겨우 기억하는 사람도 있습니다.

당신은 지금 하고 있는 일을 몇 년 동안 해오고 계십니까? 그리고 당신의 노하우를 기록한 노트를 몇 쪽 정도 가지고 계신가요? 그 노트는 타인에게 훌륭한 길잡이가 될 만한 것입니까? 오늘부터 우리의 경험과 생각을 기록하는 시간을 가져봅시다. 그리고 작은 것일지라도 누군가에게 설명해주고 가르쳐봅시다. 5단계의 능력은 당신의 인생에 초능력처럼 작용할 것입니다. 손오공이 하나의 머리카락으로 수백 명의 분신을 만들어내듯이 말입니다.

동행

　　　　　은행의 중간관리자들과 함께 팀장의 리더십 역량 향상을 위한 교육을 진행하고 있었습니다. 리더의 역할에 대한 실질적인 교훈을 발견할 수 있도록 돕고자 했던 저는 수강생들에게 지금까지 살아오면서 자신이 리더로서 행동했던 경험을 말해보라고 요청했습니다. 그 수업에서 제가 들은 이야기 중에 가장 감동적인 이야기를 들려드리겠습니다.

　그는 똑똑하고 성실한 학생으로서 상업고등학교에 다녔습니다. 하교하던 중 평소에 별로 친하게 지내지 않았던 한 친구와 우연히 버스를 함께 타게 되었습니다. 평소 친구에 대한 인상은 별로 좋지 않았습니다. 그는 공부도 못했고 약간은 말썽도 피웠으니까요. 그렇다고 모두가 알 만한 문제아는 아니었고, 친구들 대부분이 관심을 두지 않는 아이였습니다. 아무튼 함께 버스를 타고 이런저런 이야기를 하며 가던 중에 친구는 자기 집에 놀러 가자고 그를 초청했습니다.

　그는 썩 내키지는 않으면서도 친구의 초청을 수락했습니다. 그렇게 친구의 집을 처음으로 방문했다가 친구가 얼마나 가난하게 사는지를 알게 되었습니다. 집은 쓰러져가는 판잣집 같은 곳이었습니다. 방 안은 어지럽고 비위를 상하게 하는 냄새도 났습니다. 놀랍게도 본드를 흡입했던 흔적들도 있었습니다. 그는 당황스럽고 놀랐지만 왠지 친구에게 큰 동정심을 느끼게 되었습니다. 친구의 외로움이 전달된 듯했지요. 말은 하지 않지만, 마치 '나랑 함께 놀지 않을래' 하고 손을 내미는 친구의 목소리가 들리는 듯했습니다.

이후로 그는 늘 그 친구와 함께 다녔습니다. 등하굣길에는 꼭 친구와 함께 버스를 탔습니다. 시험을 앞두면 학교 도서관에서 자리를 잡고 앉아 함께 공부했습니다. 점심을 먹을 때도 도시락 반찬을 함께 나누어 먹었습니다. 정말 갑작스러운 변화였습니다. 그 친구와 절친이 된 것입니다. 그리고 그들의 관계는 친구를 행복하게 해주었습니다. 친구는 눈에 띄게 모범생으로 변해갔습니다. 친구의 성적이 꾸준히 향상되었으며, 졸업을 앞두고 취업을 준비하기 위해서 치른 시험에서 1000명 중에 50등을 하는 놀라운 성적을 보여주었습니다.

그는 친구를 구원했습니다. 그가 말하기를 리더는 시간을 내어 함께 있어주는 사람 같다고 했습니다. 그의 이야기를 들으며 모든 수강생은 크게 감동했고, 그날 최고의 이야기로 그를 선정해 상을 주었습니다. 만일 당신이 리더십에 대해 고민하고 있다면 그의 이야기를 잘 생각해보시기 바랍니다. 진리는 어떤 면에서는 참으로 단순한 것이며, 가치 있는 것은 돈으로 살 수 없는 것 같습니다.

모든 사람에게는 본질적인 외로움과 두려움이 있습니다. 확실히 우리는 고독한 존재입니다. 가장 두려운 벌은 혼자 내버려 두는 것이 아닐까요? 성경에 나와 있는 예수의 탄생 이야기를 읽어보면 "그를 임마누엘이라 하리라"는 부분이 있습니다. 임마누엘은 "하느님이 우리와 함께 계시다"라는 뜻입니다. 우리와 함께 있지 않고 저 멀리 어디엔가 계신 하느님은 필요하지 않습니다. 우리가 아무리 가난해도 그 무엇과도 비교할 수 없는 가치 있는 것을 가지고 있으니 그것은 곧 우리 자신입니다. 또 함께 옆에 있어주는 것입니다.

급한 용무가 있어서 동료에게 전화를 걸었습니다. 무슨 일이냐고 묻는 동료의 목소리 너머로 그 집 아들 녀석이 떠들며 놀고 있는 웃음소리가 들려왔습니다. 나들이를 나갔던 모양입니다. 일을 의논하고 전화를 끊으며 "녀석, 신세가 좋구나" 하곤 혼잣말을 하면서도 내가 아들과 함께 놀며 시간을 보낸 것이 언제였나 하는 생각에 씁쓸함을 금할 수 없었습니다. 좋은 아빠가 되기 위해서 시간을 내어 함께 지내는 즐거움을 누려야 하는데 저는 일이 너무 바쁘고 시간이 없습니다.

누군가의 옆에 함께 있어주기에는 우리는 너무도 바쁩니다. 너무도 많은 것을 가지고 있습니다. 지혜로운 사람들은 삶을 단순하게 만드는 능력이 있습니다. 그들은 옆에 있어주기 위해서 모든 것을 포기합니다. 그러고는 기적을 만들어내죠. 인생의 시련은 우리에게서 많은 것을 빼앗아 갑니다. 큰 상실의 아픔을 겪게 합니다. 하지만 가장 소중한 것을 발견하고 그것을 가까이 둘 수 있게 하는 지혜를 선물합니다. 그 소중한 것은 수많은 목소리에 뒤덮여서 그동안 주목받지 못했던 것이지요.

당신은 오늘도 무척이나 바쁠 것입니다. 하지만 당신의 사람들과 함께 이야기하고 웃는 시간을 포기하지 마세요.

5부

회복력

시련은 우리를 진실로 사람이 되게 하는 꼭 필요한 것이다

힘든 고비를 견뎌내고 결국 목적지에 도착한 사람이 누리는 인생의 행복과 감사는 쉬운 길만을 걸어온 사람이 느끼는 것과 비교되지 않을 것입니다.

13장

어려운 일을 겪는 당신에게

고난

도널드 밀러Donald Miller는 그의 책 《천 년 동안 백만 마일A Million Miles in a Thousand Years》에서 안데스의 마추픽추에 다녀온 이야기를 흥미롭게 소개하고 있습니다. 마추픽추 트래일은 해발 4000미터가 넘는 안데스 산맥의 고지대에 있기 때문에 평소에 꾸준히 운동한 사람들에게도 매우 힘든 등산 코스라고 합니다. 죽음의 고통이라고 표현하기도 한다는군요. 어쨌든 도널드는 어떤 계기로 잉카 트래일에 참여하게 되었고, 몇 달간의 철저한 자기관리와 운동으로 극한 고통에 대비했습니다. 그리지 않으면 등산 중간에 포기하고 내려오는 모습을 여자 친구 앞에 보여주어야 하는 불상사가 발생할 수도 있었거든요.

해발 3300미터에 위치한 쿠스코(Cuzco, 잉카제국의 수도였으며 지금은 상업과 교통의 중심지)에 도착하여 산소가 부족한 고지대의 두통 증상에 적응하며 하룻밤을 묵은 일행은 다음 날 마추픽추를 향해 출발했습니다. 가이드가 마추픽추로 올라가는 길은 2가지가 있다고 알려주었습니다. 강을 따라서 계속 올라가면 6시간 만에 목적지에 도착할 수 있다고 했습니다. 하지만 그 길은 교역로로만 쓰였고 순례를 하려면 잉카 트레일로 걸어야 한다고 했습니다. 가이드가 가리키는 방향에는 불모의 계곡 위로 빽빽한 산림과 열대 우림이 있었고, 그 너머로 눈 덮인 안데스가 보였습니다. 저 길을 다 걸으려면 나흘이 걸린다고 했습니다.

"잉카 사람들은 왜 편한 길을 놔두고 먼 길로 돌아가게 했을까요?"라는 질문에 가이드는 "황제는 알고 있었답니다. 마추픽추로 가는 여정이 고통스러울수록 그 도시에 도착했을 때 더욱 감탄하리라는 것을요"라고 대답했습니다. 도널드와 그의 일행은 순례의 길을 택했습니다. 물론 중간에는 욱신거리는 다리를 기진맥진한 채로 끌다시피 걸으면서 "내가 미쳤지!" 하고 후회했지만 말입니다.

마침내 꼬박 나흘 동안 고난의 길을 걷고서야 그들은 아침에 태양의 문에 도착했습니다. 발에 물집이 잡히고 다리는 욱신거렸지만 뛰지 않고서는 견딜 수 없을 만큼 흥분했습니다. 일행은 안개가 자욱한 그곳에서 노래를 부르며 안개가 걷히기를 기다렸지요. 그리고 가이드의 말이 옳았다는 것을 확인했습니다. 그들은 거기서 완벽한 아름다움과 그 아름다움을 건설한 잉카인들의 숨결을 느낄 수 있었습니다. 또한 고달픈 삶을 살아온 사람들과 쉽고 편한 삶을 살아온 사람들은 천국을 서로 다르게 느끼리라는 것도 깨달았습니다.

반대의 경험이 생각납니다. 수강생들과 백두산 천지를 보러 갔던 여행이었습니다. 상상만 해도 가슴 벅차오르는 천지의 광대한 모습을 가슴에 담기 위해 우리는 여행을 떠났습니다. 천지의 모습을 온전히 볼 수 있는 날은 일 년에 며칠 안 된다는 가이드의 말에 우리의 운을 점쳐 보기도 했습니다.

백두산에 도착해서 관리소의 중국인에게 몇 가지 주의를 들은 다음 버스에 올랐습니다. 그리고 천지에 도착했습니다. 구름 한 점 없는 맑은 날씨에 깨끗한 천지를 보았습니다. 그런데 뭔가 좀 이상하다고 느꼈습니다. 가슴 벅차오르는 감동을 느낄 수가 없었습니다. 사람들은 천지를 배경으로 사진 찍기에 바빴고 휴대전화를 꺼내 집으로 전화해서 "여기는 천지"라며 통화를 했습니다. 그곳에서 휴대전화가 그렇게 선명하게 연결되다니! 그렇게 10여 분을 있다가 재촉하는 가이드의 목소리에 끌려나와 다시 버스에 올랐습니다.

그날 제가 본 천지는 민족의 기상을 대변하는, 그런 웅대하고 감개무량한 성지가 아니라 하나의 호수와 크게 다르지 않았습니다. 물론 산꼭대기에 그렇게 큰 호수가 있다는 사실이 흥미롭기는 하지만 말입니다. 순례의 길을 선택해서 백두산 자락을 걸으며 그 흙과 풀과 나무와 바람을 느끼고, 힘든 고통을 이겨내고 가까스로 천지에 올랐다면 어땠을까요? 그리고 그 타는 갈증 때문에 허리 숙여 손으로 천지의 물을 떠서 한 모금 마시고 일어나 바라보았을 천지는 어떤 느낌으로 다가왔을까요? 분명 도널드 밀러가 나흘을 걸어서 마추픽추에 도착했을 때 아침 안갯속에서 보았던 장엄한 아름다움이 주는 감격과 비슷한 것이었겠지요. 훗날 통일이 되면 그렇게 힘든 길을 선택해서 우리의 국토를 온전히 걸어 천지를 다시 보고 싶다는 꿈을 가져봅니다.

인생을 사는 2가지 길을 소개했습니다. 하나의 길은 쉽고 넓습니다. 아마도 찾는 이가 많겠지요. 또 하나의 길은 좁고 험합니다. 찾는 이가 적을 거예요. 운명적으로 주어진 길이라면 평탄하고 쉬운 길이 주어지기를 바라는 마음을 어찌할 수는 없습니다. 술술 잘 풀려서 풍년의 시절처럼 한 알의 콩을 심었는데 30개, 60개, 100개의 콩을 얻는 일들이 많이 있었으면 정말 좋겠습니다. 하지만 만일 일이 잘 풀리지 않고, 무엇을 해도 막히고 도저히 출구가 보이지 않는 어려움이 기다리고 있다 하더라도 예전처럼 불평하거나 낙심하지는 말자는 다짐을 합니다. 그 힘든 고비를 견뎌내고 결국 목적지에 도착한 사람이 누리는 인생의 행복과 감사는 쉬운 길만을 걸어온 사람이 느끼는 것과 비교되지 않을 것이기에 말입니다.

지금 힘든 과정을 겪고 있으십니까? 힘내세요. 또 이겨내세요. 힘든 만큼 당신은 큰 위로를 받게 될 거예요.

긍정

태어날 때부터 눈먼 사람을 보고 제자들이 스승에게 물었습니다.

"랍비님, 이 사람이 눈먼 사람으로 태어난 것은 누구의 죄 때문입니까? 이 사람 때문입니까, 이 사람의 부모 때문입니까?"

스승이 말씀하셨습니다.

"탓할 사람을 찾으려고 하니, 너희의 질문이 잘못되었다. 하느님께서 어떤 일을 하시는지 보아라. 우리를 이 세상에 보내신 분을 위해 활기차게 일해야 한다."

그러고는 랍비가 그 눈먼 사람을 고쳐주었습니다. 성경의 《요한복음》 9장에 나오는 이야기입니다.

세상을 바라보는 시각이 우리의 인생에 미치는 영향은 지대합니다. 위 이야기에는 2개의 다른 시각이 존재합니다. 하나는 어려운 시련이 닥쳤을 때 "도대체 누구 탓인가? 누구에게 책임을 물어야 하는가?"라고 비난과 원망으로 대응하는 시각입니다. 종종 어려운 일이 가정에 닥쳤을 때, 부부간에 '당신' 때문이라며 혹은 '당신의 부모' 때문이라며 서로 비방하는 경우를 봅니다. 그러면 문제가 크든 작든 서로에게 상처를 주게 되지요. 신뢰는 무너지고 관계가 소원해지면서 삶이 불행해집니다. 심한 스트레스를 받아 건강을 해치기까지 합니다.

또 다른 시각은 고난 속에서 우리가 존재하는 이유를 발견하는 것입니다. 모 기업이 고인이 된 창업자의 육성을 들려주며 기업 이미지를 광고하는 것을 보았습니다.

"우리가 극복하지 못할 시련은 없다! 저는 이렇게 생각합니다."

간결하고 힘 있는 그 말은 장엄하게 저의 마음을 울렸습니다. 이들은 닥친 시련을 기꺼이 받아들입니다. 왜냐하면 시련을 이겨내고 영광을 드러내는 것이 바로 우리가 해야 할 사명이며 존재 이유라는 것을 믿고 있기 때문입니다. 그래서 어려움은 오히려 이들을 강하게 만들고 결속시킵니다. 그 과정에는 도전과 성취, 격려와 인정, 서로에 대한 신뢰가 있습니다. 삶은 종종 시련을 맞지만 그래도 우리는 행복한 존재입니다. 격무에 쉴 틈이 없다고 하더라도 육체와 정신은 여전히 건강합니다.

76세 할아버지의 강연을 들었습니다. 그는 남미의 칠레에서 개최된 회의에 참석하기 위해 먼 길을 여행하게 되었답니다. 여행 경비를 아끼기 위해서 좀 더 저렴한 항공을 이용하다 보니 한국으로 돌아올 때 무려 36시간 동안 비행기를 타야 했습니다. 얼마나 피곤하고 짜증이 났을까요? 동행한 다른 사람들은 모두 녹초가 되어 쓰러질 지경이었는데, 그는 다음 날 새벽 4시에 어김없이 평소와 똑같이 하루의 일과를 시작했습니다. 아내는 걱정되어 "피곤하지 않아요? 좀 쉬세요"라고 권했지만, 그는 "내가 지게를 지고 무거운 짐을 날랐나요? 땅을 팠나요? 그저 하늘의 휴게소에서 편안히 앉아서 때마다 주는 맛있는 밥을 먹고 영화도 보고 졸리면 잤는데, 피곤할 이유가 없지"라고 웃으며 대답했습니다.

광운대학교 경영학과의 이홍 교수는 《지식점프》에서 혁신에 성공하는 조직과 실패하는 조직의 대표적인 특성을 소개하고 있습니다. 성공하는 조직은 의도적으로 풀기 어려운 문제를 만들어내고 부딪혔습니다. 조직 전체에 "아무도 이것을 해낸 사람이 없어. 그렇다면 우리가 먼저 도전해서 해결해보자!"라는 사고방식을 공유하고 있었습니다. 이러한 도전들이 모두 성공했을 리 없습니다. 3할대의 타자가 우수한 선수인 것처럼, 의도적으로 어려운 문제를 찾아서 부딪혀보는 기업가 정신을 가진 이들은 무수한 실패를 경험했을 것입니다. 실패를 비난하며 누구 탓인가를 먼저 찾는 분위기 속에서는 절대로 이러한 시도들이 촉진되지 않습니다.

　실패하는 조직들 역시 여러 가지 시도를 했습니다. 어느 부서에서 누군가가 어떤 제안을 했습니다. 무엇을 바꾸어보자고 말이지요. 해당 부서 사람들은 그 제안을 자신들에 대한 비난으로 받아들였습니다. 그래서 건성으로 말로만 해보면 좋겠다고 했습니다. 그리고 속으로는 '어디 잘되나 두고 보자'라고 생각했지요. 물론 아무도 그 일을 도와주지 않았습니다. 오히려 실패하기를 기다렸습니다. 어찌 그 변화와 새로운 시도가 성공하겠습니까? 실패 후에는 이런저런 추궁이 기다리고 있었습니다. 경영의 귀재라고 불리는 찰스 핸디Charles Handy는 아무리 무능력한 사람이라도 될 일을 안 되게 하거나 최소한 시간을 늦추는 데 영향을 미칠 수 있다고 말했습니다. 조직 전체에 이런 분위기가 만연한데,

어찌 새로운 시도가 성공할 수 있을까요?

실패하는 이들은 실패했을 때 누구 탓인가를 생각합니다. 반면 성공하는 이들은 실패했을 때 "우리가 극복하지 못할 시련은 없다. 산은 오르라고 있는 것이다. 산이 있기에 나는 산을 오른다"고 대답합니다.

모 일간지에 한국 대기업의 임원 13퍼센트가 우울증에 시달리고 있다는 기사가 보도되었습니다. 한국인의 자살률은 OECD 국가 중에서 가장 높습니다. 당신은 어떠합니까? 아침에 일어나서 양치하려다 보니 림프샘이 부어서 입을 제대로 벌리기 어려운 적은 없었습니까? 급격히 저하된 기억력 탓인지, 어떤 날은 20년을 반복해온 넥타이 매는 방법이 생각나지 않아서 공포에 가까운 두려움을 느낀 적은 없나요?

어려운 일은 그것을 극복하라고 존재하는 것입니다. 그럼으로써 당신은 이 세상에 존재하는 이유를 발견할 수 있습니다. 산이 있는 이유는 그 산을 오르기 위해서입니다. 산을 오르는 과정에서 겪는 어려움이 우리를 건강하게 하고, 삶의 존재 이유를 깨닫게 합니다. 정상에서 바라보는 세상은 산 아래의 세상과는 다릅니다.

어려운 일이 닥쳤을 때 남을 탓하지 마세요. 우리가 힘든 이유는 일이 어렵기 때문이 아닙니다. 서로 비난하고 책임을 묻는 우리의 지나친 공격성 때문입니다. 인정하고 격려하면서 힘을 얻어봅시다. 시련을 극복합시다. 그것이 존재 이유입니다.

감사

　　　　　H 증권사에 근무하는 한 부장이 들려준 이야기입니다. 그는 둘째는 딸이기를 원했고, 과연 소망대로 딸아이가 태어났습니다. 하지만 아이는 장애아로 태어났습니다. 그는 처음 딸아이를 보았던 그 순간의 충격을 잊을 수가 없다고 이야기했습니다. 아기의 발이 이상했습니다. 뼈가 없는 듯 흐물흐물했던 것입니다. 그 자리에서 털썩 주저앉고 말았지요. 의사는 다행스럽게도 아이의 머리와 다른 신체에는 아무 이상이 없다는 말로 위로했습니다. 하지만 위로가 되겠습니까? 저도 기억이 선합니다. 첫째와 둘째가 태어났을 때 선생님께서 아이의 손가락을 하나 둘 세어주면서 "아기는 건강합니다"라고 말해주던 것을요. 저의 딸아이는 얼굴에 몽고반점 같은 것을 가지고 태어났습니다. 처음 보았을 때는 그것도 속상했지요. 제가 이런 말을 하는 이유는 딸아이가 장애를 가지고 태어났을 때 한 부장의 마음이 얼마나 아팠을까를 상상해보라는 의미에서입니다.

　그는 산모가 출산 후 병원에 있는 동안 근처의 성당에 갔습니다. 그리고 무릎을 꿇고선 한없이 눈물을 흘리며 기도했다고 합니다.

　"감사합니다. 저에게 딸을 주셔서 감사합니다. 머리가 정상인 아이로 태어나게 해주셔서 감사합니다. 하느님, 감사합니다. 예수님, 감사합니다. 성모님, 감사합니다."

　그는 울며불며 감사의 기도를 드렸습니다. 아마도 몸부림이지 않았을까 싶습니다. 그는 아이가 비록 장애를 가지고 태어났지만, 생명을 주신 것에 진심으로 감사했습니다.

아이는 태어나면서부터 발에 깁스 같은 것을 해야만 했습니다. 성장하면서 물리치료도 병행했습니다. 그런데 상상이나 할 수 있을까요! 그 아이는 성장하면서 발을 튼튼히 하기 위해 발레를 배웠는데, 대회에 출전하여 상까지 받았습니다. 장애를 가지고 태어났다는 이야기를 들을 때만 해도 저 역시 딸아이를 둔 아빠로서 마음이 너무 아팠습니다. 하지만 아이가 장애를 이기고 발레리나가 되었다는 대목에 이르러서는 저의 귀를 의심하지 않을 수 없었습니다. 온몸에 소름이 돋는 듯했습니다. 이 이야기를 들려주는 한 부장의 목소리는 감격의 흐느낌으로 떨렸습니다.

어떻게 이렇게 삶이 아름다울 수가 있을까요? 어떻게 그는 이런 기적을 만들 수 있었을까요? 삶이 그에게 커다란 아픔을 주었는데, 그는 어떻게 그리 찬란한 아름다움으로 바꿀 수 있었을까요! 마음속으로 깊이 생각해보게 되었습니다.

물론 그와 가족 그리고 딸아이가 열심히 노력했기 때문입니다. 하지만 얼마나 많이 울었을지 생각해보세요. 물리치료를 받으면서 발의 근육과 뼈를 강하게 하려고 시작한 발레였습니다. 딸아이에게 그것이 얼마나 큰 고통이었을까요? 그 아이는 몇 번이나 넘어지고, 그래서 무릎이 다치고 때로는 얼굴이 바닥에 부딪쳐서 입술이 깨졌겠지요. 그러면서 다른 아이와 자신을 비교하고 자신을 이렇게 태어나게 한 엄마와 아빠를 얼마나 많이 원망했을까요? 우리가 그 아이에게 일어난 모든 일을 상상하기란 어렵습니다. 따라서 단지 고난을 이기려고 뼈를 깎는 노력이 그런 기적을 만들어냈다고만 말하기는 어려울 듯합니다. 노력 그 이상의 비밀이 있는 것 같습니다.

우리는 거의 매일 고난이 축복으로 변하는 일종의 기적을 체험하면서 살고 있습니다. 물론 그 비밀을 아는 사람만이 그것을 체험하고 있지요. 그 비밀은 감사하는 마음을 품는 것입니다. 불평하는 사람은 희망을 품기가 쉽지 않습니다. 원망하고 불평하는 이유는 지금의 상황이 좋지 않아서가 아닙니다. 생각해보세요. 상황은 늘 변하기 마련이고 시간은 흘러갑니다. 지금 이 순간은 상황이 좋지 않지만 내일은 오히려 역전되어 결국 성공하게 되리라는 것을 알고 있다면 지금의 불리한 상황을 불평할까요? 어떤 어려움을 겪으면서 원망하고 불평하는 마음이 가득하다면, 그것은 현재 상황 때문이 아니라 우리의 마음이 미래에 아무런 기대도 하고 있지 않아서입니다. 그래서 불평하는 사람 대부분은 자신에게 닥친 어려운 현실을 변화시키기 위해서 노력하지 않습니다. 아니 노력할 에너지가 없습니다.

감사한다는 말은 2가지 측면에서 정의할 수 있습니다. 첫째는 현실을 받아들이는 것입니다. 포기와는 상당히 다릅니다. 그 속에는 있는 그대로의 아름다움과 가치를 발견하는 섬세함이 담겨 있습니다. 둘째는 무엇도 끊을 수 없는 긍정의 희망을 품는 것입니다. 우리를 화나게 하고 힘들게 하는 많은 상황이 있습니다. 성공을 꿈꾼다면 감사하는 마음을 가지려고 노력해보세요. 그 상황 자체를 다른 각도에서 바라보면서 그 일이 자신에게 무엇을 주고 있는지 생각해보아야 합니다. 그러면 당신은 놀랍게도 마음속에 희망이 샘솟는 것을 느끼고 변화를 위해 노력할 에너지가 생기는 경험을 할 것입니다. 그리고 그 노력은 기적을 만들어냅니다.

극복

좋은 일만 있으면 좋겠습니다. 사업이 번창하고 투자한 곳마다 기대 이상의 높은 수익을 올리면 좋겠습니다. 자식들은 스스로 열심히 공부하여 좋은 대학에 가고 남들이 부러워하는 직장에 취직도 했으면 좋겠습니다. 누구나 나가도 복을 받고 들어와도 복을 받는 그야말로 만사형통한 삶을 기대할 것입니다. 그래서인지 우리는 새해에 복 많이 받으라는 인사를 건넵니다. 복이라는 개념은 우리를 겸손하게 합니다. 아마 인간이 전지전능하다면 혹은 그런 존재라고 스스로 생각하고 있다면 복을 중요하게 여기지 않았겠지요. 부족함을 알기 때문에 우리는 도움을 간절히 기다립니다.

좋은 일만 계속되어 아무 어려움이 없다면 사람이 어떻게 될까요?

실험을 해봐도 좋을 것 같습니다. 〈월-E_Wall-E〉라는 영화에 약간의 힌트가 나옵니다. 문명이 발달하고 인간의 자원 남용이 극에 달해서 지구는 황폐해졌습니다. 더는 사람이 살 수 없는 곳이 되어버렸습니다. 사람뿐만 아니라 풀 한 포기 자랄 수 없는 오염된 곳이 되고 말았지요. 그래서 인간은 노아의 방주와도 같은 거대한 우주선을 만들어 지구를 떠났습니다. 지구에는 쓰레기를 청소하는 로봇만을 남겨 두고서요. 그러고는 수백 년의 시간이 흘렀습니다.

우주선은 하나의 행성처럼 거대했습니다. 그곳은 모든 것이 완벽하게 갖춰진 곳이지요. 사람들은 태어나서 정말 편안하게 살다가 편안하게 죽었습니다. 완벽한 과학의 힘으로 우주선에 낙원을 만들었던 것입니다. 그렇게 많은 세대가 우주선을 거쳐 갔습니다. 모든 일은 로봇이 다 알아서 처리해주는 그런 세상입니다. 그런 세상에서 인간은 어떤 모습을 하고 있을까요? 작가의 상상이 재미있습니다. 영화 속의 인간은 편안한 의자에 앉아 있습니다. 그 의자는 집이기도 하면서 자동차이기도 하고, 아무튼 인간을 위해 모든 것을 다해줍니다. 그 의자에 앉아서 말만 하면 됩니다. 걸어 다닐 필요도 없습니다. 당연히 인간은 아주 뚱뚱한 모습을 하고 있습니다. 또한 놀랍게도 인간은 스스로 걷지도 못하는 존재로 진화했습니다. 물론 이것은 영화 속에서 펼쳐진 작가의 엉뚱한 상상일 뿐입니다. 그래도 '좋은 일만 계속되면 사람이 어떻게 될까' 하는 제 궁금증을 풀 한 가지 힌트를 주었습니다. 아무래도 그런 세상에서 인간은 결코 멋진 존재가 될 수 없을 것 같습니다.

인생에는 어려움이 많이 있습니다. 나쁜 일은 혼자 오지 않는다는 말이 있지요. 사업이 망할 수도 있고, 가족의 화목이 깨져서 서로의 마음에 깊은 상처를 주고 헤어질 수도 있습니다. 스트레스가 지나쳐서 몸에 병을 얻을 수도 있습니다. 영화나 드라마에서 늘 행복한 일만 일어나는 걸 본 적이 있나요? 행복한 일만 있으면 흥미진진한 이야기가 되지 않습니다. 어떤 이유에서인지 정확히는 몰라도 어려움이란 우리의 삶에 꼭 필요한 요소 같습니다. 어쩌면 인간이 완전한 존재가 아니기에 어려움이 필요한 것일지도 모르겠습니다. 어려움을 통해 인간은 한층 더 단단하게 성장하니까 말입니다.

하지만 어려움은 극복할 때만 가치가 있습니다. 시련은 우리를 강하게 하지만 극복하지 못하면 오히려 우리를 파괴합니다. 진짜 아픔은 뜻대로 일이 풀리지 않는 것이 아니라 그 때문에 무너져내리는 우리 자신을 볼 때가 아닌가 합니다. 통제력을 상실한 자신을 바라보는 처참한 기분을 아마 경험해보셨겠지요.

제게 20대는 인생에 두려움이 많았던 시절이었습니다. 세상은 거대하고 나는 한없이 왜소하게 느껴졌지요. 나를 좋아할 사람이 있을까 싶어 자신에 대한 연민도 많았습니다. 다행히 저는 책을 좋아했고 이런저런 노력을 하는 사람이었습니다. 세상이 두려웠던 것은 그 세상에 도전할 마음이 있었기에 느끼는 감정이었을지도 모릅니다. 바라보지 않았다면 아무 감정도 들지 않았을 거예요.

우연한 기회에 자기계발서라고 불리는 책을 몇 권 읽었습니다. 그 책들은 묘한 흥분과 기쁨을 주었습니다. 마치 종교적인 체험을 한 듯한 느낌을 받을 정도였지요. 만나는 사람에게 그 책을 소개했고, 내용을 알려주려고 노력한 기억이 새롭습니다. 그 당시 저는 지금의 아내와 연애를 하고 있었는데, 그 책을 읽고 있는 동안 마치 제가 새로운 사람이 된 것처럼 보였다고 했습니다.

자기계발서라고 불리는 책은 세상을 바꿀 만한 통제력이 있어야만 세상을 바꿀 수 있다고 하지 않았습니다. 자기 자신을 통제할 수 있다면 원하는 일을 성취할 수 있다고 말하고 있었지요. 세상은 거대해 보이고 다른 사람들은 나보다 훌륭해 보여서 내가 그들을 통제할 수는 없었습니다. 무기력을 느끼게 되었지요. 그럴 때 자기계발서를 읽고, 적어도 나 자신은 통제할 수 있지 않을까 하는 자신감을 얻었습니다.

서점에 가서 자기계발서를 하나 사서 읽어보지 않을래요? 통제력을 다시 찾을 때까지, 우리 모두 파이팅!

14장

일하면서 쉬는 법을 배워라

균형

점차 의학이 발달하면서 사람의 수명도 계속 연장되고 있습니다. 그래서일까요? 이런 유머가 있더군요. 맞춰보시지요. "○○하면 100세까지 산다."

아마도 금주, 금연, 운동, 채식, 소식 등 건강과 관련된 대답을 하셨겠지요. 만일 그러셨다면 하하, 틀리셨습니다. 정답은 "'웬만'하면 100세까지 산다"입니다. 분명 우리는 과거보다 오래 살게 되었습니다. 좋은 일이기도 하고 때로는 무서운 일이기도 합니다. 건강하지 않은 채로 오래 산다면 무엇이 좋겠습니까? 오래 사는 것만큼 우리의 삶이 행복하고 충만해야 하지 않을까요?

당신의 삶은 얼마나 건강하십니까? 100세까지 행복하게 살 만큼 안정된 구조로 되어 있나요? 제가 드리는 기준으로 자신의 삶의 건강을 점검해보시기 바랍니다. 신체의 건강을 검진할 때는 몸의 각 부분의 건강을 점검합니다. 그래서 누구는 간이 약하게, 또 누구는 심장이 약하게 판명 나는 등 특정 부위에서 이상 신호를 발견하기도 하지요. 이처럼 먼저 우리의 삶을 구성하고 있는 중요 부분부터 차례로 생각해보아야 합니다. 모두 8가지 측면입니다.

우선 직업을 생각할 수 있습니다. 사는 것이 곧 일하는 것이라고 말해도 과언이 아닐 정도로 직업은 우리의 삶에 큰 부분을 차지하고 있습니다.

둘째는 가족입니다. 우리는 혼자서 존재할 수가 없습니다. 가족은 생명과 행복의 원천과도 같은 것이지요.

셋째는 경제입니다. 어떤 어르신은 "돈이 없으면 똥보다 더럽다!"라고 말씀하기도 했습니다. 인간의 존엄을 지킬 정도의 재물이 없다면 아마도 비참해질 것입니다.

넷째는 건강입니다. 아픈 것은 누구도 대신할 수 없습니다. 아파서 밤새도록 끙끙 앓아본 사람은 그 고통과 외로움을 압니다. 그래서 사람들은 건강을 해치면 모든 것을 잃은 것이라고도 말합니다.

다섯째는 공동체입니다. 친밀한 소속감을 누릴 수 있는 확대된 가족의 의미입니다. 공동체가 없는 사람은 잘 모릅니다만 친밀한 공동체에

속해 있는 사람은 그 관계가 주는 풍성한 혜택을 누리며 삽니다.

여섯째는 사회생활입니다. 공동체보다도 훨씬 더 확장된 관계입니다. 우리 삶의 범위와 영향력을 가늠해볼 수 있는 조건이지요.

일곱째는 여가입니다. 인간을 품격 있게 만드는 것은 바로 이 여가 생활이 아닐까 합니다.

마지막 여덟째 영역은 영성입니다. 종교와도 유사한 개념이지만 그보다 보편적인 의미를 띄고 있지요. 세상에는 눈에 보이는 것만 존재하는 게 아닙니다. 사람은 영적이며 영원한 존재입니다. 이것을 아는 것과 모르는 것에는 정말 하늘과 땅만큼의 차이가 있습니다.

어떻습니까? 우리의 삶이 어떻게 구성되어 있는지, 좀 더 큰 시각으로 보실 수 있겠는지요? 이제 각 부분의 건강을 점검해봅시다. 다른 곳은 건강해도 심장이나 간, 혹은 눈 등 신체의 특정 부분이 아프면 힘들고 불편한 것처럼 우리의 삶도 마찬가지입니다. 모든 영역이 골고루 발달해서 어느 정도 이상의 수준은 되어야 합니다.

그럼 이제 삶의 건강도를 점검하는 기준을 제시하겠습니다. 먼저 종이를 한 장 펼치세요. 그곳에 커다란 원을 그려주세요. 그리고 8개의 축을 그려서 마치 수레바퀴 같은 모습을 그려보세요. 각각의 축에 위에서 소개한 삶의 8가지 영역을 적어주세요. 하나의 축마다 10점 만점의 눈금이 새겨져 있다고 생각해보세요. 따라서 10점은 원의 둘레에 해당합니다.

먼저 직업입니다. 지금 당신이 속한 회사가 어떤 이유로 문을 닫게 되었습니다. 그러면 당신은 지금보다 비슷하거나 나은 조건의 새로운 직장을 얻기가 쉬운가요? 하는 일이 당신에게 기쁨을 주나요? 만일 "네"라고 대답한다면 당신은 좋은 점수를 줄 만합니다. 7점 이상을 주세요.

지금 가지고 있는 현금만으로 현재 지출 수준의 생활을 일 년 정도 유지할 수 있나요? 만일 이번 달과 다음 달 소득이 없어도 카드대금, 생활비, 교육비, 연금저축 등 평소의 지출 규모를 유지하는 데 아무런 지장이 없나요? 다른 재산을 처분하지 않고서 말이죠. 만일 그렇다면 당신의 경제 수준은 괜찮은 편입니다. 적어도 하루 벌어 하루 먹고사는 수준은 아니니까요.

당신의 가족은 당신이 집에 들어왔을 때 반가워하고 행복해합니까? 가족과 함께 공유하는 활동이 있나요? 다시 결혼해도 지금의 배우자와 결혼하고 싶나요? 아니면 가끔은 할 수만 있다면 결혼을 물리고 싶다는 생각을 하시나요?

직업 수준으로 즐기는 취미가 있으신지요? 일 년은 52주입니다. 주말만 해도 104일을 쉽니다. 다양한 휴일과 휴가를 포함하면 우리는 평균적으로 130일 정도, 즉 일 년의 3분의 1에 해당하는 날 동안 출근하지 않습니다. 이때 당신은 무엇을 하십니까?

올해 건강검진을 받아보셨나요? 결과는 어떻습니까? 결과도 좋으면서 동시에 일주일에 3회 이상은 땀을 흘리며 운동하는 건강한 습관을 지니고 있으면 좋은 점수를 줄 만합니다. 건강은 나이의 영향이 크기에 아무래도 연장자는 불리하겠군요.

가족끼리 서로 잘 알고 있고 적어도 일주일에 1회 이상 식사라도 함께하는 공동체에서 생활하고 있다면 특별한 축복을 받은 것입니다. 나아가 사회 공동체의 행복 증진에 관심이 있으며, 봉사활동 등의 구체적인 행동을 하고 있다면 당신의 삶은 아주 풍성합니다.

마지막으로, 이 모든 것과 상관 없이 당신은 존재 이유와 행복을 발견하고 계십니까? 지금 소유하고 있는 것이 없을지라도 감사할 수 있다면 당신은 정말 특별한 존재입니다.

자, 결과가 어떻습니까? 8가지 인생 영역이 고루 높은 점수가 나왔다면 인생의 수레바퀴는 잘 굴러갈 것입니다. 반대로 고루 낮은 점수가 나왔다면 목적지까지 제 속도로 달리기는 매우 어렵겠지요. 또 아예 바퀴가 굴러가기 어려울 정도로 무너진 부분이 있을 수도 있습니다. 이 인생의 8가지 요소를 다시 한 번 차분히 점검하면서 어느 곳을 바로잡고 건강하게 세워야 할지를 성찰해봅시다. 당신이 건강한 인생을 살아가는 기회로 삼으시기 바랍니다.

세리머니

"인생에서 가장 충만한 순간은 언제인가? 그것은

최선을 다해서 싸운 후 심장이 터지도록 벅찬 호흡을 안고 전장에 쓰러져 하늘을 바라보는 순간이라고 나는 굳게 믿는다."

이 멋진 말은 미식축구계에서 역사상 가장 뛰어난 감독으로 칭송받는 빈스 롬바르디Vince Lombardi가 했습니다. 저는 이 말을 〈애니 기븐 선데이Any Given Sunday〉라는 풋볼 영화를 통해서 알게 되었습니다. 그 이후로 줄곧 이 말을 사랑하게 되었지요.

우리 대부분은 일 중독이라고 해도 좋을 만큼 많은 일을 합니다. 저역시 마찬가지입니다. 저의 일주일도 자주 월, 화, 수, 목, 금, 금, 금으로 되어 있습니다. 저는 누구보다도 일하기를 사랑하는 사람입니다. 제가 일에 대해 가지고 있는 개념은 일반적으로 사람들이 '일'을 떠올렸을 때 하기 싫어하고 부정적으로 느끼는 것과는 다릅니다. 저는 해야 할 무엇이 일이라고 생각하면 정말 열심히 합니다. 하지만 그것이 일이 아니라 취미 혹은 놀이로 느껴지면 아주 열심히 몰입하지는 않는 경향이 있습니다. 아무튼, 이는 제 취향일 뿐 지금부터 하려는 말과는 별로 상관없습니다.

우리가 일을 얼마나 많이 하는지는 우리가 받고 있는 스트레스 수준으로도 잘 나타납니다. 다들 잘 알다시피 스트레스는 건강을 해치는 요소입니다. 한국인의 사망 원인 1위는 암입니다. 수십 년째 변함이 없습니다. 2위는 뇌혈관 관련 질환, 3위는 심혈관 관련 질환입니다. 4위는 당뇨 관련 질환, 5위는 자살, 6위는 교통사고입니다. 아마 서로 순위가 바뀌기도 하겠지요. 저는 순위보다는 1위부터 6위까지의 사망 원인의 근원은 무엇인가를 생각해보았으면 합니다. 과학적으로 인과관계를 증명해 보이는 것은 어렵지만, 상식적으로 생각해보아도 스트레스가 비중 있는 역할을 했으리라고 추측할 수 있습니다. 그리고 이 스트레스는 과중한 책임과 업무, 그리고 잘못된 스트레스 해소 습관 등에서 발생합니다. 스트레스를 예방하고 우리가 보다 행복하게 살기 위해서는 일을 줄일 필요가 있습니다. 좀 더 천천히 가야 할 필요가 있습니다.

몇 년 전의 일입니다. 주말 저녁 집 앞에 있는 초등학교 운동장에서 축구를 하고 있었는데 해가 지면서 평소에는 보기 어려운 아름다운 노을이 세상을 감싸고 있었습니다. 그 아름다움에 빠져서 바라보다가 문득 마음속에 한 음성이 들려왔습니다. "얼마 남지 않았다!"라는 목소리였습니다. 하루가 얼마 남지 않았고, 그 노을도 곧 사라지는 것처럼 나의 인생도 곧 사라질 것이라는 진지한 메시지였습니다. 저는 아직 건강한 신체를 가지고 왕성하게 활동하는 사람입니다. 그런데도 그 마음속의 목소리를 듣자마자 한 가지 생각이 떠올랐습니다. 지혜로운 사람이 되어 부질없는 잔일들에 인생을 허비하지 말자고요. 또 무엇이 소중한 일인지를 생각하면서 감사하고 즐기는 마음으로 인생을 살아야겠다고 다짐했습니다.

일 년 동안 여러 가지 명절이 있습니다. 설과 추석이 대표적이지요.

나라마다, 문화마다 서로 다른 축제와 기념일들이 있습니다. 이런 명절들은 계절이 바뀌거나 또는 무엇이 마무리되고 새롭게 시작되는 시기에 사회적인 스트레스를 해소하는 출구 역할을 합니다. 또한 삶에 활력을 불러일으키는 발전소 역할을 합니다. 일주일 중에 일요일이 없었다면 우리의 삶이 어떻게 되었을까요? 정말 불행했을 것입니다. 저는 일하는 것을 무척 좋아하는 사람이지만, 그 좋아하는 일만 계속한다면 아마도 지금처럼 일을 좋아할 수는 없을 것 같습니다. 우리는 일하면서 쉬는 법을 배워야 합니다. 소중한 일을 즐겁게 계속하기 위해서는 쉬지 않으면 안 됩니다. 물론 반대로 이야기하는 사람도 있습니다. 쉬기 위해서 일한다는 말도 일리가 있습니다. 아무튼 적절한 균형은 어느 쪽에도 중요한 것입니다.

일하면서 쉬는 법을 배운 지혜로운 경영자의 사례를 소개합니다. 그는 매일 하루 업무를 마치는 자신만의 세리머니를 만들었습니다. 정해진 시간에 일을 마치면, 친구와 함께 조깅을 한 후 시원하게 샤워하는 것이 그의 세리머니였습니다. 세리머니를 마친 후에 집에 돌아간 그는 온전한 남편과 아빠로서 가족과 함께했습니다. 그에게는 일주일을 마감하는 세리머니, 한 달을 마감하는 세리머니, 일 년을 마감하는 신명 나는 세리머니가 있습니다. 당신도 당신만의 기념이 되는 세리머니를 만들어보세요. 땀 흘려 최선을 다한 후 마시는 차 한잔이 진한 여유와 행복을 느끼게 하는 것처럼 당신만의 세리머니도 마찬가지 역할을 할 것입니다. 오늘 업무를 마치면 당신은 어떤 세리머니를 하시겠습니까?

시금치

"뽀빠이, 도와줘요!"

올리브가 부를 때면 언제든지 시금치를 먹고 힘을 내어 악당 브루터스를 물리치고 애인을 구하던 만화 〈뽀빠이 Popeye the Sailor〉를 기억하나요? 그 만화가 유행한 덕분에 당시 아이들은 평소라면 손도 대지 않던 시금치를 즐겨 먹었지요.

아주 오래전 초등학교 시절에 재미있게 보았던 이 만화가 불현듯 생각났습니다. 올리브는 내가 이루고자 간절히 소망하는 '목표'이고, 악당 브루터스는 나를 실패하게 하는 어렵고 곤란한 '시련'으로 연상되었기 때문입니다.

브루터스는 우리 주변 어디에나 있습니다. 그가 꼭 사람인 것도 아닙니다. 나에게 불리하게 돌아가는 '상황'일 수도 있습니다. 아무리 애를 써도 도무지 진척 없는 '프로젝트'일 수도 있습니다. 나의 건강을 해치는 과도한 '업무 부담'일 수도 있지요. 큰 손실을 안겨다 준 실패한 '의사 결정'일 수도 있습니다. 또는 거울에 비친 내 모습이 싫어지는 알 수 없는 '자괴감'일 수도 있습니다.

요즘 저는 뽀빠이의 '시금치'가 간절히 생각납니다. 힘이 있어야 브루터스를 물리치고 올리브를 품에 안을 수 있으니까요. 제가 말하고자 하는 힘은 권력이나 돈을 의미하는 게 아닙니다. 건강에 가까운 의미입니다.

매사에 의욕이 넘치고 추진력이 대단한 사람을 생각해보세요. 영화 〈알렉산더Alexander〉(2004)에서 만났던 알렉산더 대왕이 대표적인 인물이겠군요. 콜린 파렐Colin Farrell이 주연한 이 영화에서 그는 "세상의 끝이 보일 때까지, 신神이 나를 부를 때까지 멈추지 마라!"라며 세계 제패를 위한 정복의 여정을 시작합니다. 그는 페르시아를 정복하고 무적불패의 그리스 마케도니아 군대와 더불어 8년간 정복 행진을 이어갔습니다. 그들의 이동거리는 장장 350만 킬로미터에 달했다고 하지요. 평생의 친구이며 지휘관인 헤파이션과 충직한 장군이며 절친한 친구인 톨레미와 함께한 알렉산더는 사정없이 그의 군대를 사막과 산, 미지의 정글, 신비로운 땅으로 진군하게 합니다. 페르시아와 서아시아 그리고 이집트와 인도에 이르기까지, 단 한 번의 패배도 용납하지 않았습니다.

하지만 알렉산더는 인도의 전투에서 부상을 당하고 이름 모를 열병을 앓게 되었습니다. 수척한 병자의 모습이 된 그가 병사들에게 "집으로 돌아가자"라고 말하던 그 장면을 잊을 수가 없습니다. 힘을 잃으면 더는 전진하는 것도, 그 무엇도 이룰 수 없음을 웅변했기 때문입니다. 그 힘이 꼭 '육체의 힘'만은 아닙니다. 아마도 더 중요한 것은 '내면의 힘'일 것입니다.

개인적으로 힘들고 우울해지는 때가 있기 마련입니다. 저 역시 그런 때가 있었습니다. 너무 힘이 드니 삶이 행복하지 않았습니다.

'내가 너무 욕심을 부리는 걸까? 내려놓자! 내 것이 아닌데 욕심을 내는 걸지도 몰라.'

온갖 상념이 몰려와서 포기하거나 계획을 축소하려는 맘이 정말이지 굴뚝 같았습니다. 마치 '울트라 브루터스'를 만난 것 같았지요. 그래서 더욱 '시금치' 생각이 간절해졌습니다. 다시 힘을 내어 일어나, 곤경에 처한 저의 '올리브(목표·꿈)'를 구해내야겠다는 생각이 들었습니다. 그래서 저를 다시 일으켜줄 시금치를 찾아다녔습니다. 그간의 제 노력과 열정, 성취 경험을 잘 아는 이를 만나 진솔한 이야기를 청해 들었습니다. 그들에게서 격려와 위로를 받았고, 제 원기를 북돋는 이야기를 들었습니다. 그리하여 제가 그동안 해온 일이 가치 있고 의미 있는 일이었음을 다시 발견할 수 있었습니다. 그 일을 계기로 저를 거세게 몰아붙이는 '울트라 브루터스'와 맞설 힘과 다시 일어서서 진군할 힘을 얻었습니다.

만일 당신이 무엇이든 끝까지 해낸 적이 없어서 스스로 부끄럽다고 생각해도, 너무 자신을 미워하지는 마시기 바랍니다. 당신은 정말 너무나도 힘들었기 때문이었으니까요. 다른 사람의 눈에는 힘들어 보이지 않았을지 몰라도, 적어도 당신에게는 포기하고 절망했을 만큼 힘에 부쳤던 일이었을 테니까요. 신조차 길을 열어주었던 천하의 알렉산더 대왕도 그가 약해졌을 때는 꺼져가는 불꽃처럼 사그라졌습니다. 하물며 어찌 우리가 쉽사리 알렉산더를 뛰어넘을 수 있겠습니까?

당신에게 힘을 주는 시금치, 당신만의 시금치를 찾으세요. 잠시 쉬면서 톱날을 날카롭게 가는 시간을 가지세요. 당신이 힘든 이유는 톱날이 너무 무디어져 있기 때문일 수도 있으니까요. 그리고 당신에게 힘을 주는 말, 당신을 진정으로 격려하고 북돋는 진실한 격려자와 동료, 친구, 멘토를 만나 그들의 솔직한 이야기를 청해 들으세요. 그래서 내가 해온 일이, 지금 하고 있는 일이 가치 있는 일이라는 것을 다시금 발견하세요.

당신에게는 지금 '시금치'가 필요합니다.

애인

직장 맘으로 근무하는 여성에게서 들은 가슴 따뜻해지는 이야기를 소개합니다.

그녀는 대학을 졸업한 후 결혼해서 아이를 낳을 때까지 단 한 번도 쉬어본 적이 없었습니다. 그만큼 열심히 직장 생활을 했지요. 아이를 낳을 때는 '엄마의 무릎학교'에서 키우겠다고 단단히 결심했습니다. 아이를 잘 키우는 것뿐만 아니라 이런 기회에 모처럼 자신만의 시간을 가지고 쉬어야겠다는 마음도 있었습니다.

큰 결심을 하고 직장을 그만둔 만큼 그녀는 정말 열심히 육아와 집안 살림에 신경을 썼습니다. 남편에 대한 내조 역시 '내조의 여왕'이라는 말이 무색할 정도로 잘했습니다. 하지만 시간이 지나면서 좀이 쑤시고 갑갑해지는 것을 어찌할 수가 없었지요. 결국은 남편이 먼저 권했습니다.

"이제 그만하고 다시 직장에 나가라!"

충분히 했으니 더는 집안 살림에 힘들어하지 말고 다시 사회생활을 하는 것이 좋겠다고 권유한 것입니다. "오, 할렐루야!"를 외치며 그녀는 겨우 일 년 만에 다시 직장 맘의 길을 걸었습니다.

사실 문제는 이때부터 시작되었다고 합니다. 딸아이는 여기저기에서 도움의 손길을 받으며 자랄 수밖에 없었지요. 이를테면 방목 생활이라고나 할까요. 할머니, 이모가 봐주시다가 갑자기 사정이 생기면 아기 도우미를 구해서 맡기기도 했습니다. 아이를 맡기면서 직장 생활을 하는 엄마들은 아마도 이 고충이 어떤 것인지를 이해할 수 있을 것입니다.

그녀는 아이를 제대로 돌보지 못하는 것이 속상하고, 엄마 없이 자라는 아이를 보면 항상 미안했습니다. 혹 아이가 유치원에서 하는 행사가 있을 때면 꼭 참석하려고 온갖 노력을 다해보지만, 일 때문에 못 가는 경우가 더 많고 그럴 때마다 정말 속상했습니다. 그녀는 그런 순간마다 직장이고 뭐고 다 때려치우고 아이에게 전념하고 싶은 생각도 들었습니다. 하지만 그 역시 쉬운 일은 아니었지요. 가까이에 살고 계신 친정 엄마가 아이를 돌봐주는 동료가 정말 부러웠습니다.

이런 상황에서도 일을 계속할 수 있었던 이유는 아이가 정말 씩씩하게 잘 자라주었기 때문이었습니다. 그녀는 항상 아이에게 이렇게 말해주었답니다.

　"엄마는 눈에 보이진 않지만, 항상 너와 함께 있어! 네 옆에서 널 지켜주고 응원하고 있단다. 엄마가 항상 함께 있다는 것을 잊으면 안 돼."

　그러던 어느 날 그녀는 지방에 출장 갔다가 일정이 빨리 끝나서 처음으로 아이가 다니는 수영장에 찾아갈 수 있었습니다. 아이들을 기다리는 엄마들이 북적거리는 복도에 함께 서 있는 기분이 좋았답니다. 수영장 안으로는 직접 들어갈 수 없어서 엄마들은 자그마한 모니터 앞에서 서로 자기 아이를 찾아보느라 알게 모르게 자리다툼을 하고 있었지요. 그녀는 그 속에서 딸아이의 모습을 보기 위해 주변의 눈치에도 아랑곳하지 않고 앞으로 바짝 몸을 들이대었습니다. 가끔 딸아이가 보였습니다. 해맑게, 뭐가 그리 좋은지 친구들과 웃으면서 거북이 튜브를 등에 멘 채 재잘거리며 뛰어가는 모습에 그만 눈물이 흘렀답니다.

　바로 그때 "어머나, 서진이 엄마죠? 저는 서진이랑 같은 반인 지우 엄마예요"라고 인사하며 인상 좋은 지우 엄마가 다가왔습니다. 같은 반 아이의 엄마로 평소에도 많이 챙겨주고 신세를 지고 있던 터라 반갑게 인사를 나누었습니다. 그녀는 지우 엄마로부터 서진이가 아주 잘하고 있다는 이야기를 전해 들었습니다. 서진이를 잘 챙겨주셔서 고맙다는 인사를 여러 번 했지요. 지우 엄마는 지난주 금요일의 부모 참관 수업

때, 서진이만 아무도 안 왔다는 이야길 전해주었습니다. 그 순간 그녀의 가슴은 먹먹해졌습니다. 아이가 혼자 있었을 생각을 하니 너무 속상했습니다.

"서진 엄마, 걱정하지 마요. 서진인 혼자서도 씩씩하게 잘해요. 수영 끝나고 저한테 뛰어오더니 대뜸 "아줌마! 지우 하는 거 보셨어요?"라고 묻더라고요. 그래서 "그럼 봤지, 왜 그러니?" 했더니, "그럼 지우 보고 나서 제가 하는 것도 좀 보셨나요?" 하는 거예요. 그 소리에 주변에 있는 엄마들이 모두 배를 잡고 웃었어요."

그 이야기를 전해 듣고 그녀는 마음에 흐르는 눈물을 참을 수가 없었습니다.

수영이 끝나고 모처럼 딸아이의 손을 잡고 걸었습니다. 아이는 아주 신 나서 싱글벙글, 재잘재잘, 이런저런 이야기를 쉬지 않고 이어갔습니다.

"서진아, 지난주 금요일에 엄마가 못 가서 미안해. 서진이 혼자 엄마 없어서 속상했지?"

갑자기 딸아이가 발걸음을 멈추고 환한 얼굴로 엄마를 올려다보며 이야기했습니다.

"아이 참. 엄마, 나는 괜찮아. 엄마가 얘기했잖아요. 언제 어디서나 엄마가 항상 옆에 있다고요. 정말 괜찮아요. 엄마가 없어서 눈물이 나려고 했지만 참았어요."

당신에게도 이런 가족이 옆에 있나요? 사랑은 우리를 구원합니다. 사랑이야말로 우리가 살아가는 이유입니다. 오늘 당신의 에너지가 되어주는 가족에게 사랑한다고, 늘 옆에 있어주어서 고맙다고 말해주세요.

15장

위대한 삶에 대하여

인생

1970년대에 상영되었던 영화 〈록키〉를 기억하고 있나요? 저는 얼마 전 실베스터 스탤론이 나이 60세에 제작한 〈록키 발보아Rocky Balboa〉를 보았습니다. 고등학생 시절 학교 체육관에서 500원을 내고 보았던 그 감동이 떠올랐죠. 그 감동을 다시 한 번 느끼고 싶어서 〈록키〉를 다시 보았는데, 여전히 장면 하나하나에서 큰 감동을 받았습니다.

록키는 필라델피아 변두리에서 활동하는 복서였습니다. 경기에서 이기면 65달러를 받았습니다. 라커룸 이용료 등으로 15달러가 빠지면 실제로는 50달러를 받았지요. 지금 우리 돈으로 6만 원 정도입니다. 경기에서 지면 45달러를 받고 그마저도 15달러가 빠져 실제로는 30달러를 받았습니다. 영화는 전체적으로 어두운 느낌이 듭니다. 희망을 찾기 어려운 인생의 모습을 표현한 듯합니다. 록키는 권투를 좋아하지만 권투에만 전념하지는 않습니다. 아마도 그러기에는 형편이 어려웠을 거예요. 그는 고리대금업자의 심부름을 해주는 일을 합니다. 돈을 받아 주고 수고비를 받는 거지요. 완력이 대단하고 거짓말을 하지 않는 록키는 고리대금업자에게는 더할 나위 없이 좋은 직원이었을 것입니다.

어느 날 헤비급 세계 챔피언 아폴로 크리드 사무실에서 록키를 만나고 싶다는 연락이 왔습니다.

"스파링 상대를 찾는가 보죠?" 하고 대꾸하는 록키에게 관장은 "그래, 이 멍청이야. 몇 번을 말해야 알아들어!"라며 심한 욕설을 합니다. 평소에도 자신을 무시하는 관장의 언사에 불만이 쌓여 있던 록키는 정색한 채로, 나를 이런 식으로 무시하고 막 대하는 이유가 무엇이냐고 따져 묻습니다. 그런데 관장의 대답이 저의 가슴을 파고들었습니다.

"알고 싶어? 좋아, 알려주지. 너는 훌륭한 권투 선수가 될 소질이 있는 놈이야. 그런데 겨우 고리대금업자 하수인 노릇이나 하고 있어. 인생을 낭비하고 있는 거지. 그게 내가 너를 무시하는 이유야!"

이 말은 록키의 가슴을 아프게 찔렀을 것입니다.

아폴로 크리드 사무실을 찾아간 록키는 뜻밖의 제안을 받습니다. 그것은 스파링 상대가 아닌 헤비급 세계 챔피언 타이틀을 두고 경기를 벌이자는 것이었지요. 크리드는 독립기념일에 열리는 이번 경기에서 미국이 기회의 나라라는 것을 보여주기 위해 무명의 복서에게 세계 챔피언에게 도전하는 기회를 주는 이벤트를 준비했던 것입니다. 록키는 그 제안을 받아들이기 어려웠습니다. 그는 스스로 자신을 돌아보아도 삼류 복서였으며 크리드는 최고의 권투 선수였기 때문에 좋은 경기를 할 수 없으리라고 생각한 것입니다. 아마 직전에 관장으로부터 "너는 인생을 낭비하고 있다"는 충격적인 이야기를 듣지 않았다면 정말로 기회를 포기했을지도 모릅니다. 결국 그는 그 엄청난 제안을 받아들입니다.

새벽 4시에 일어나서 날계란 5개를 유리컵에 깨어 마시고 조깅을 시작하는 것으로 하루를 시작하면서 록키는 대단한 노력을 쏟아부어 경기를 준비합니다. 드디어 그 결전의 날이 내일로 다가왔습니다. 그는 잠을 잘 수가 없었습니다. 어찌 편히 잠을 잘 수 있겠습니까? 걱정하지 말라고 격려하는 아내 아드리안에게 자신의 목표는 경기에서 이기는 것이 아니라고 말합니다. 록키는 알고 있었습니다. 자신이 아무리 열심히 운동해서 준비했다고 하더라도 세계 챔피언을 이길 수는 없다는 것을요. 록키는 15라운드 마지막 종이 울리는 그 순간까지 두 다리로 버티고 서 있는 것이 자신의 목표라고 말합니다. 그럴 수만 있다면 자신의 인생 최초로 무엇인가를 성취한 것이 될 거라고 말이지요. 그다음 날 정말 눈물이 핑 돌 만큼 감동적인 멋진 경기를 합니다.

실베스터 스탤론은 영화 〈록키〉를 통해 세상에 어떤 메시지를 주고 싶었을까요? 인생을 낭비하지 말라는 말, 자신의 재능을 그대로 버려두지 말라는 말은 큰 울림을 줍니다. 그것은 결코 쉬운 일이 아닙니다. 록키가 15라운드의 혈전을 벌였던 것처럼, 쓰러지고 또 쓰러져도 다시 일어나야 하는 만큼이나 어렵지요. 어떤 사람은 여러 가지 변명을 댈 수도 있습니다. 나는 재능이 없다, 또는 나에겐 재능을 펼쳐 보일 기회가 없었다고 말이지요. 하지만 자신을 속이지 마십시오. 남보다 작을 수는 있지만 우리는 모두 남다른 재능이 있습니다. 그리고 살아 있다는 것, 이것이 곧 우리에게 기회가 있다는 증거입니다.

죄의 어원에는 '과녁을 빗나갔다'라는 뜻이 담겨 있다고 합니다. 비난과 불평의 마음으로 하루를 헛되이 보내는 게 큰 죄입니다. 남과 나를 비교하지 맙시다. "나는 하나밖에 없는데 왜 저 사람은 2개입니까?"라고 불평하면서 자신의 재능을 썩히는 죄를 범하지 맙시다. 오직 내가 맞추어야 할 과녁이 무엇인지 분명히 바라봅시다. 그리고 내게 1개가 있다면 2개로 만들고, 2개가 있다면 그것을 4개로 만드는 인생이기를 응원합니다.

위대함

세상은 불공평합니다. 누구는 정말 멋진 외모를 타고나서 그 외모 때문에 많은 사랑을 받고 돈을 벌고 행복한 삶을 누립니다. 누구는 태어날 때부터 혐오감을 불러일으키는 얼굴이어서 사람들로부터 외면을 받습니다. 취직을 위해 면접을 볼 때도 번번히 탈락하고 말이지요. 누구는 좋은 부모에게서 태어납니다. 공부도 잘하고 성격도 원만해서 인생이 평탄하게 흘러갑니다. 누구는 무능력하고 무책임한 부모에게서 태어납니다. 자신을 버리고 도망간 부모에게서 철저히 버림받는다는 것이 무엇인지를 어려서부터 배우면서 자랍니다. 누구는 세계를 이끌어가는 선진국에서 태어나서 나라에 대한 자부심과 시민정신을 배우며 자랍니다. 우수한 교육을 받을 기회와 건전하고 창의적인 수많은 자극을 받으며 성장합니다. 그는 열심히 노력하면 자신의 재능을 꽃피우고 원하는 삶을 살 수 있다는 희망을 품고 성장합니다. 그리고 희망은 실망으로 끝나지 않고 실현됩니다. 그런데 또 다른 누구는 온갖 불평등, 억압 그리고 폭력이 짓누르는 나라에서 태어납니다. 그는 희망이라는 단어를 잘 모릅니다. 그는 아예 꿈을 꾸지 못합니다. 그에게는 전혀 기회가 없습니다.

당신은 이 세상을 공평하다고 하겠습니까?

저는 종종 강의할 때 미국의 버락 오바마Barack Obama 대통령의 이름을 언급합니다. 그분에 대해서 아는 것은 별로 없지만 몇 가지 사실이 제게 감동을 줬습니다. 우선 저와 같은 40대 후반의 나이에 대통령이 되었습니다. 놀랍습니다. 나와 똑같이 40여 년의 인생을 살았는데 그는 한 나라의, 그것도 세계를 이끌어가는 강대국의 대통령이 되었습니다. 저는 그의 정치 철학과 국정 운영 능력을 언급하려는 게 아닙니다. 다만 그가 40대의 나이에 대통령이 되었다는 것이 놀라울 뿐이지요.

그의 아버지는 아프리카 케냐의 젊은이였고, 하와이에 국비 유학생으로 공부하러 온 사람이었습니다. 백인 여성과 사랑을 했고 그래서 오바마 대통령이 태어났습니다. 아버지는 케냐로 되돌아갔고 그의 어머니는 다른 아시아계 남자와 재혼했습니다. 오바마의 출생 배경은 결코 그에게 유리하지 않았지만, 그럼에도 그는 놀라운 꿈을 이루었습니다. 그런데 저는 조금 비판적으로 이야기하고자 합니다. 만일 버락 오바마가 아프리카 케냐에서 태어났다면 그의 인생은 어떻게 달라졌을까요? 아무리 생각해도 세상은 불공평합니다. 모든 사람에게 기회가 동일하게 주어지는 건 아닌 것 같습니다.

우리는 성공한 삶을 개척해온 이 시대의 스타들을 이야기하면서 주변 환경과 여건이 어떠하든지 자신의 꿈을 실현할 수 있다고 이야기하곤 합니다. 열심히 노력하면 인생을 개척하고 운명의 주인이 될 수 있다고 강조하며 희망을 주려고 합니다. 저는 열심히 인생을 살아왔습니다. 하지만 솔직히 지금 제 상태에 만족하지는 않습니다. 별로 이룬 것이 없습니다. 여전히 매월 생활비와 아파트 대출 상환, 아이들 교육비, 보험료와 연금저축 등의 문제로 끙끙 앓고 있습니다. 한 달만 수입이 없어도 저의 가계는 치명적인 위기에 처하는 취약한 구조입니다. 그야말로 하루 벌어 하루 먹고사는 인생의 전형입니다. 조금 더 열심히 인생을 살라고 누군가 조언한다면 저는 그 말을 외면하겠습니다. 가끔 제가 불행하다고 느끼는 이유는 너무 일만 하기 때문입니다. 그러니 열심히 살지 않아서 그렇다는 말에는 공감할 수가 없습니다.

직장 후배가 결혼했습니다. 그는 대치동에 소재한 작지만 아담한 아파트에서 시작했습니다. 놀랍고 부러웠습니다. 평생을 성실하게 살아오신 부모님의 배려로 가능했지요. 그가 무척이나 부러웠습니다. 그는 별 부담도 없이 제가 15년 동안 성실하게 살아서 겨우 도달한 수준에서 시작했으니까요.

온갖 불평을 다해봐도 여전히 인간은 자신의 삶에 자신이 책임을 집니다. 핑계를 댈 수 없습니다. 그것이 인간이 위대한 이유입니다. 자신의 삶에 책임질 수 없는 존재라면 인간은 동물과 다를 바 없습니다. 더 많은 것을 누리고 사는 삶을 성공이라고 여기고 세상을 바라보면 세상은 정말 불공평한 곳입니다. 많은 기회가 존재하지만 또한 그 반대이기도 하니까요. 만일 우리가 죽은 후에 신께서 우리가 죽기 직전까지 달성한 예금 잔액으로 평가하신다면 그것은 결코 공정한 평가가 되지 못합니다. 그것은 인간의 위대함에 대한 모독입니다. 많이 가진 것으로 인생의 위대함을 평가할 수 없습니다.

위대함은 타인을 생각하는 것입니다. 남을 염려해주고 그에게 필요한 것을 챙겨주기 위해서 애쓰는 것이 위대함의 근본입니다. 우리는 모두 자신의 문제로 골머리를 앓고 있습니다. 그 굴레를 벗어나서 주변 사람의 처지를 생각해보고 그들의 필요에 관심을 두는 것이야말로 인생의 무거운 짐을 내려놓고 자유인이 되는 출발점입니다. 우리는 이를 통해 평가받을 것입니다. 그리고 타인을 생각하는 마음에는 아무런 불공평이 존재하지 않습니다. 핑계도 댈 수 없습니다. 남의 처지를 조금이라도 생각해봅시다. 그것이 당신이 위대한 존재가 되는 출발점입니다.

게으름

저를 보고 사람들은 부지런하다고 합니다. 특히 저의 직장 동료들은 저의 성실함과 부지런함을 자주 칭찬합니다. 저는 속으로 생각하지요. '세상에 나만큼 게으른 사람이 있을까?' 음, 이건 좀 지나친 자기비하 발언이지만, 어쨌든 사실 저는 아주 게으른 사람입니다. 10년 정도 근무해온 직장에서 집안 식구들보다 더 많은 시간을 보낸 동료들이 부지런하다고 평가한 것이니, 전혀 근거 없는 소리는 아니라고 받아들이려고 합니다만, 여전히 내면에서는 '내가 너를 아는데 너는 정말 게으른 사람이야. 이렇게 게을러서 도대체 무슨 일을 하겠어. 정신 차려!' 하는 소리가 들려옵니다.

제가 스스로 게으르다고 여기는 이유는 하다가 그만두는 일이 많기 때문입니다. 부끄럽지만 예를 하나 들겠습니다. 저는 석사 논문을 완성하기까지 입학한 이후로 5년이 걸렸습니다. 졸업하기까지 다변량이라는 통계 과목에서는 F 학점을 5번이나 받기도 했습니다. 수업에 자주 결석했기 때문입니다. 어떤 수업에서는 C 학점을 받았습니다. 제가 결석을 자주 하니까 교수님께서 학업 분위기를 흐린다고 수강을 거부하시고 그냥 C 학점을 주신 거지요. 참 부끄러운 일이었습니다. 저의 논문을 지도해주신 교수님이 저에게 "너처럼 게으른 사람은 처음 본다"라고 하신 적도 있었습니다.

이 모든 일은 직장인이면서도 종일 공부하는 학생들이 다니는 일반 대학원에 진학했기 때문에 발생했습니다. 제가 대학원에 진학할 때는 지금처럼 MBA가 발달해 있지 않아서 직장인들이 다니는 야간 대학원은 엄밀하게 말하면 학부 수준도 안되는 커리큘럼으로 이루어졌습니다. 경영학을 전공하지 않은 타 학부 출신 직장인들이 다니면 좋을 수준이었던 거지요. 그래서 저는 공부 욕심에 직장인임에도 낮에 수업하고, 그것도 힘들게 공부시키는 일반 대학원에 입학했습니다. 학생 중에는 저와 같은 직장인이 있었고 매우 잘해가는 사람들도 있었지만, 저는 도저히 정상적인 수준으로 따라가기가 어려웠습니다. 결석이 잦았고 수업에 참여한다고 해도 미리 읽고 들어가야 할 논문도 제대로 읽지 못하는 상황이 반복되었습니다. 당연히 교수님의 심기를 건드릴 수밖에요.

이왕 저의 치부를 들춘 김에 좀 더 해볼까요? 고생 끝에 석사 논문이 통과된 후 저는 정말 굳게 결심했습니다. 다시는 절대로 학교에 돌아오지 않겠다고요. 그런데 결국 몇 년의 시간이 흐른 뒤 슬슬 박사 욕심이 생기기 시작했습니다. 그래서 덜컥 입학지원서를 내고 면접을 보았지요. 직장을 다니면서 박사를 하기는 어렵다고 말씀하시는 교수님께 열심히 하겠다고 다짐을 보였습니다. 운이 좋아서 제법 높은 경쟁률을 뚫고 입학했습니다만 수업은 석사보다 더 어려웠습니다. 한 학기를 마치고 저는 완전히 기진맥진해서 휴학계를 내고 말았습니다. 이제 복학을 해야 하는데 두렵습니다. 지금은 '포기하는 것이 좋을지도 몰라', '공부는 꼭 박사 학위를 따야만 하는 것이 아냐. 다른 많은 방법이 있어'라는 말들로 핑계를 대고 있습니다.

  몇몇 사람들은 제 게으름의 실체를 압니다. 그들은 제가 무엇을 시작했다가 포기하는 것을 옆에서 지켜본 사람들입니다. 몇몇 사람들은 저의 부지런함을 알고 있습니다. 그들은 제가 무엇을 끊임없이 시작해서 땀을 흘리고 그것 때문에 스트레스를 받고 고민하는 것을 지켜본 사람들입니다. 저는 도중에 포기하는 일이 많기는 하지만 여전히 새로운 일을 시작하는 것을 두려워하지 않습니다. 다행히 요즘엔 인내력을 기르기 위해서 많은 노력을 하고 있습니다. 시작한 것을 꼭 마무리하기 위해 애쓰고도 있습니다.

  제가 자꾸 무엇인가 새로운 것을 시작하려는 이유는 저의 게으름을 이겨보기 위해서입니다. 억지로라도 해야 하는 상황을 만들어서 저를 괴롭히기 위해서지요. 환경을 바꾸는 것과 불편한 환경에 자신을 밀어 넣는 것만큼 훌륭한 학습법도 없는 것 같습니다. 그 환경 속에서 살아

남기 위해서 처절한 몸부림을 쳐야 하니까요. 마치 게으른 젊은이가 해병대에 일부러 지원하는 것과 같은 마음입니다. 편안한 방 안에서 부지런해지기는 어렵습니다.

올해도 어떤 일을 하나 시작했습니다. 지금은 후회하고 있습니다. 힘이 드니까요. 그래서 스스로 말합니다. "정 힘들면 포기하고 우선은 잠시 쉬었다가 하자. 쉬다 보면 또 힘이 생기겠지"라고요. 당신을 게으르다고 생각하시나요? 그럼 충동적으로 당신 자신을 어떤 불편한 환경에 밀어 넣어보세요. 기억하세요. 편안한 방 안에서는 부지런해지기 어렵답니다.

충전

우리는 끊임없이 배우고 있습니다. 학습은 매우 의도된 의지적 활동이면서 동시에 숨 쉬는 것처럼 자연스러운 것이어서 무의식적으로 발생합니다. 학습은 변화를 의미합니다. 우리가 살고 존재하는 환경은 끊임없이 변화하고 있으므로 생존하기 위해서는 그 변화에 우리를 맞춰가야 합니다. 변화하지 않으면 살 수가 없습니다. 마치 숨을 쉬지 않으면 살 수 없는 것과 다르지 않습니다. 변화하는 환경에 우리를 적응시켜가는 활동이 곧 학습입니다.

학습의 무의식적인 특성은 무서운 것이기도 합니다. 농사를 지어보신 어른들은 잘 알고 있지요. 기르려고 하는 농작물은 잘 안 자라는 경우가 많은데 기르지도 않는 잡초는 그렇게도 무성하게 잘 자란다는 것을요. 학습도 마찬가지입니다. 배우려고 하는 올바른 것은 참 배우기가 어렵습니다. 반면에 배우지 말아야 할 것들은 나도 모르게 쉽게 배워집니다. 이것이 학습의 무의식적 특성이 가지고 있는 두려운 점입니다.

삶을 대하는 태도는 우리가 배워야 할 매우 중요한 것입니다. 하지만 무의식적으로 그 태도가 형성되고 변화되어가지요. 이렇게 학습된 태도는 우리의 삶 전반에 걸쳐서 엄청난 영향을 미칩니다. 따라서 우리는 매우 의도적으로 올바른 태도를 학습하기 위해서 노력해야 합니다.

19세기 미국의 메이저리그 야구 선수였던 찰리 존스Charley Jones는 이를 잘 알고 있었습니다. 그의 말을 인용해보겠습니다.

"아주 많은 사람이 열정이나 즐거운 기분이 자신에게 우연히 떨어지는 어떤 것으로 생각한다. 내가 진심으로 당신에게 말하고 싶은 사실이 있다. 당신이 당신의 삶에서 직면한 가장 도전적인 일은 당신이 하는 일에 대하여 흥미를 느끼고 열정을 가지는 법을 매일 배우는 일이다."

당신은 찰리 존스의 의견을 어떻게 생각하십니까? 저는 매우 동의합니다. 물론 당신도 동의하겠지요?

어떻게 하면 지금 우리가 하는 일에서 흥미를 느끼고 더욱 열정을 가질 수 있을까요? 제가 힌트를 얻은 이야기를 하나 소개하겠습니다. 저는 이 이야기를 지난주 수업 시간에 한 수강생에게서 들었습니다. 그는

30대 후반의 미혼 남성이었습니다. 어느 날 유치원에 다니는 조카가 집에 놀러 왔습니다. 삼촌인 그는 조카에게 시원한 물 한 잔을 가져오라고 심부름을 시켰지요. 착하게도 조카는 얼른 가서 물을 한 잔 가져왔습니다. 컵을 받아서 시원하게 물을 마셨는데 조카 녀석이 자신을 빤히 쳐다보고 서 있더랍니다. 그래서 "삼촌에게 무슨 할 말이 있니?" 하고 물었더니 "삼촌, 왜 고맙다고 안 해?"라고 순진한 얼굴로 묻더랍니다. 그는 그 순간 마치 망치로 머리를 맞은 듯한 충격을 받았다고 이야기했습니다. 그는 삶의 태도에 대해 갑작스러운 깨달음을 얻었습니다. 2미터가 되는 거리를 이동해서 시원한 물을 한 잔 가져다준 그 수고에 고마워해야 하고, 그 고마움을 표현하는 것이 당연하다는 사실을 깨달은 것입니다. 또한 삶은 이처럼 감사해야 할 일로 가득 차 있다는 것도 깨달았습니다.

물론 불평할 일도 무척 많을 것입니다. 그런데 자세히 들여다보면 동전에 양면이 있듯이 불평할 일도 감사의 조건을 가지고 있습니다. 불평하다 보면 일이 재미없어집니다. 회의 시간에 온갖 불평을 늘어놓는 사람이 있습니다. 안타깝게도 그 부정의 바이러스는 다른 사람에게도 금방 영향을 미칩니다. 그러면 일하는 게 재미가 없어집니다. 불평의 그림자가 짙은 분위기에서 회의하고 나면 뒷머리가 뻐근해지고 어깨가 굳는 것을 느낍니다. 속으로는 이렇게 말하지요.

'아! 이런 날이 계속되면 제 명에 못 살 것 같아.'

좋은 일에 불평할 때도 자주 있습니다. 동료가 회의 시작 전에 재미있는 동영상을 하나 보여주겠다고 한 적이 있었습니다. 저는 속으로 생각했습니다.

'잘난체하는 거야? 또 인터넷에서 퍼온 거네.'

회의를 마칠 때 정말 목이 뻐근해지는 것을 느꼈습니다. 부끄러운 일이었습니다.

일하면서 기쁘고 열정이 충전되는 순간 중 하나는 누군가가 나의 수고에 "고맙다"고 말했을 때입니다. 그런데 선물을 주는 사람이 받는 사람보다 더 기쁘다는 사실을 알고 있나요? 마찬가지로, 일하면서 기쁨과 열정이 충전되는 순간 중 하나는 타인에게 고맙다고 이야기할 때입니다.

사랑해서 맺어진 부부가 결혼 생활에 위기가 찾아오고 서로에 대한 흥미를 잃어버리는 이유는 서로에게 '고맙다'고 느끼지 않기 때문입니다. 늘 해오던 직장 일에서 흥미를 잃어버리기 시작하는 이유 역시 '고맙다'는 느낌은 사라지고 불평할 것만 많아 보이기 때문입니다.

헬렌 켈러는 《사흘만 볼 수 있다면 Three days to see》이라는 그 유명한 수필에서 사람이 자신의 신체 기능 중 일부를 단지 일주일 정도만 사용하지 못하는 경험을 하게 된다면 놀라운 축복이 될 것이라고 했습니다. 평소 당연하게 누리고 있던 것이 얼마나 감사한 일인지 깨닫게 될 테니까요.

유명한 판타지 작가 C. S. 루이스Clive Staples Lewis의 《천국과 지옥의 이혼The Great Divorce》에서 "두 곳에 어떤 큰 계곡이 있어서 서로 왕래할 수 없는 게 아니며, 사람들은 지옥이 좋아서 지옥을 선택했다"라는 놀라운 묘사를 했습니다. 우리는 모두 위대한 인생을 살 수 있습니다. 쉽다고는 하지 않겠습니다. 하지만 어렵다고도 말하고 싶지 않습니다. 어쩌면 쉽고 어려움의 문제가 아닙니다. 그것은 우리의 선호도에 따른 것이며 선택에 관한 일입니다.

위대한 삶을 선택합시다.

인생의 내공을 어떻게 키울 것인가

초판 1쇄 인쇄 | 2014년 2월 21일
초판 1쇄 발행 | 2014년 2월 28일

지은이 | 김승중
펴낸이 | 우문식
책임편집 | 박종운
디자인 | 네오북
펴낸곳 | 물푸레

등록번호 | 제1072호
등록일자 | 1994년 11월 11일

주소 | 경기도 안양시 동안구 호계동 950-51 정현빌딩 201호
전화 | 031-453-3211
팩스 | 031-458-0097
홈페이지 | www.mulpure.com
이메일 | mpr@mulpure.com

저작권자 ⓒ 2014, 김승중
이 책의 저작권은 저자에게 있습니다.
서면에 의한 저자의 허락 없이 내용의 일부를 인용하거나 발췌하는 것을 금합니다.

값은 표지에 있습니다.
ISBN 978-89-8110-318-7 (13320)

무료 초대권

인생의 내공을 키울 세미나에 당신을 초대합니다

강사: 김승중 한국카네기연구소 엑설런스센터 소장

주제: 인생의 내공을 어떻게 단련할 것인가
- 비즈니스의 의미와 전문가의 조건 이해하기
- ROI 인터뷰 수행하기
- 엘리베이터 스피치 연습하기
- 선택받는 전문가의 5가지 역량 진단하기
- 욕구에 귀 기울이고, 선언하기

강연 일정: 2014년 3월 7일부터 5월 30일까지 매주 금요일 저녁 7시~9시(총 13회)
- 강연 일정은 강사 사정으로 변경될 수도 있습니다.

장소: 한국카네기연구소 엑설런스센터(서울시 구로구 디지털로33길 50 벽산디지털밸리7차 1403호)

무료 초대권 사용기한: 2014년 3월 7일~2014년 5월 30일

참가 신청: nicetool@carnegie.co.kr

문의 전화: 02-6099-3699

- 책을 구입하고 참가 신청을 한 후, 무료 초대권을 오려서 가져오신 분들은 저자의 직강을 무료로 들을 수 있습니다.

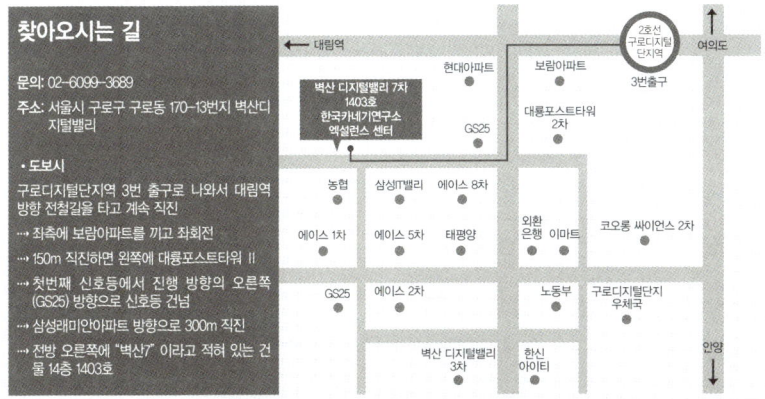

찾아오시는 길

문의: 02-6099-3689
주소: 서울시 구로구 구로동 170-13번지 벽산디지털밸리

- 도보시
구로디지털단지역 3번 출구로 나와서 대림역 방향 전철길을 끼고 계속 직진
→ 좌측에 보람아파트를 끼고 좌회전
→ 150m 직진하면 왼쪽에 대륭포스트타워 II
→ 첫번째 신호등에서 진행 방향의 오른쪽 (GS25) 방향으로 신호등 건넘
→ 삼성래미안아파트 방향으로 300m 직진
→ 전방 오른쪽에 "벽산7"이라고 적혀 있는 건물 14층 1403호

선택받는 전문가를 위한
한국카네기연구소의 특별한 훈련

데일카네기코스(DCC)
세계적으로 유일하게 100년의 역사를 가진 프로그램! 워런 버핏이 TV, 신문 등 여러 언론과의 인터뷰에서 자신이 받은 어떠한 학위보다 중요한 수료증이라고 소개하여 더욱 유명해졌습니다. 사람을 움직이는 관계 기술, 회의와 협상, 발표 등의 상황에서 청중을 이끌어가는 자신감과 의사소통 스킬 등을 계발하는 다이나믹하고 열정적인 훈련입니다.

하이임팩트프레젠테이션(HIP)
〈프레젠테이션 매거진〉에서 최고의 과정으로 극찬한 과정! 홍보, 강의, 영업, 언론 인터뷰 등의 상황에 대비한 다양한 프레젠테이션을 준비하고 전달합니다. 프로젝트 수주를 위한 제안 PT 수행자, 조직을 대표하여 회사와 프로젝트를 홍보해야 하는 업무를 수행하는 직무에 계신 분들에게 적합합니다.

리더십트레이닝포매니저스(LTM)
어떻게 하면 강력한 팀을 만들고, 그들의 최선을 이끌어낼 수 있을까? 리더의 자기 방향성과 시간 관리법, 팀의 창의성을 향상하고 혁신 프로젝트를 관리하는 법, 명확한 성과 목표에 의해서 동기부여하는 방식으로 팀을 관리하는 법, 팀원의 역량 수준에 따른 관리 및 코칭하는 법을 구체적인 스킬 중심으로 훈련합니다.

세일즈어드밴티지코스(SAC)
만일 귀하가 수년간 엔지니어로 일하다가 세일즈 업무로 전환했다면, 꼭 본 훈련에 참여하시길 권합니다. 과학적이며 프로세스적인 관점에서 세일즈 전문가로서의 핵심 역량을 계발하고 필요한 스킬을 단련합니다. 신규고객 창출, 고객 상담 및 니즈 개발, 솔루션 제안, 협상과 클로징, 새로운 비즈니스 기회 발굴 등에 필요한 스킬을 훈련합니다.

지금 이메일 excellence@carnegie.co.kr로 보다 자세한 정보와 무료 공개 세미나에 대한 안내를 요청하세요.